U0083039

基督教文化研究丛书

主编 何光沪 高师宁

八编 第11册

默默存想，与神同游
——基督教艺术研究论文集（下）

曲 艺 著

花木兰文化事业有限公司

国家图书馆出版品预行编目资料

默默存想，与神同游——基督教艺术研究论文集（下）／曲艺著 -- 初版 -- 新北市：花木兰文化事业有限公司，2022〔民111〕
目 2+196 面；19×26 公分
(基督教文化研究丛书 八编 第 11 册)
ISBN 978-986-518-700-2（精装）
1.CST：宗教艺术 2.CST：基督教 3.CST：文集
240.8 110022055

基督教文化研究丛书
八编 第十一册 ISBN：978-986-518-700-2

默默存想，与神同游
——基督教艺术研究论文集（下）

作　　者 曲　艺
主　　编 何光沪 高师宁
执行主编 张　欣
企　　划 北京师范大学基督教文艺研究中心
总 编 辑 杜洁祥
副总编辑 杨嘉乐
编辑主任 许郁翎
编　　辑 张雅淋、潘玟静、刘子瑄　美术编辑 陈逸婷
出　　版 花木兰文化事业有限公司
发 行 人 高小娟
联络地址 台湾 235 新北市中和区中安街七二号十三楼
电话：02-2923-1455／传真：02-2923-1452
网　　址 http://www.huamulan.tw 信箱 service@huamulans.com
印　　刷 普罗文化出版广告事业
初　　版 2022 年 3 月
定　　价 八编 16 册（精装） 台币 45,000 元

默默存想，与神同游
——基督教艺术研究论文集（下）

曲艺 著

目次

第八章　书　评

目光的牵引者——哥特式大教堂艺术

1999 年，法国艺术史家罗兰·雷希特（Roland Recht，1941-）在法国最具影响力的人文类图书出版社伽利玛尔出版了《信仰与观看》一书，并于 2006 年再版。2017 年 2 月，本书的中译本由北京大学出版社出版。本书法文副标题为“十二至十五世纪大教堂的艺术”，中文副标题用“哥特式”概括了十二至十五世纪一种遍及欧洲的艺术风格特征。

大教堂（cathédrale）的拉丁语“cathedralis”的词根“cathedra”意为座位，大教堂正是指在主教制的基督教会中，设有主教座位的教堂，它是地方教会的中心。但本书不仅涉及大教堂建筑，更涵盖其中的雕塑、彩画玻璃和金银工艺等艺术门类，从中世纪信徒的礼拜空间和整体观看经验出发，结合建筑的图像学意义，并在时代的文学氛围，神学、哲学思潮等思想体系中，回答究竟什么是“哥特式艺术”的问题。

一、为“哥特式”正名

说到“哥特式”，人们可能首先想到的是用石头和彩画玻璃建构的高大教堂建筑物：教堂外部高塔矗立的威严西立面，支撑主殿与侧廊的支架结构——扶垛，教堂内部由细长的柱子和尖形拱肋编织成的网状结构，光线经过无数块彩画玻璃柔和地射入。即使是每日身处高楼密集、霓虹璀璨的现代都市人，在身临哥特式大教堂时，也会深醉于其高耸的威严、严密的秩序和神圣的光辉之中，此刻，他们似乎从人间来到超越物质之上的天国世界，身心暂别世俗的纷繁与搅扰，在观看中领悟另一个王国的奥秘。

同现代人一样，1772 年，当歌德初次看到斯特拉斯堡大教堂时，他也被眼前的景象所深深地震撼，产生一种如同“享受这天上人间之乐”的感受：

> 当我一走到教堂面前，就被那景象所深深震撼，激起的情感真是出人意表！一个完整的巨大的印象激荡着我的心灵，这印象是由上千个和谐的细部构成，因此我虽然可以品味和欣赏，却不能彻悟它的底蕴，有人说，天国的欢乐就近乎此。多少次，我重新回到它的眼前，以享受这天上人间之乐，［……］[1]

然而事实上，在歌德之前，“哥特式”从来都是一个与野蛮粗俗相联的负面概念。在一封 1510 年传为拉斐尔，事实可能是卡斯蒂廖内写给莱奥十世的信中，甚至认为“日耳曼建筑经由日耳曼森林中用树枝搭盖的原始棚屋进化而来：捆在一起的长在荒野中的树木的树枝进化为哥特式的尖塔形式”。[2]在 1550 年的《名人传》中，意大利文艺复兴艺术史家瓦萨里就将意大利古典时代到文艺复兴期间的所有建筑，看做是古典黄金时期艺术的对立，是由野蛮粗俗的“哥特人”（Gothi）创造的“充满幻想”和“混乱”的建筑。[3]受瓦萨里影响，整个文艺复兴期间，“哥特式风格”被称为“德意志手法”（maniera tedesca）。对哥特式风格的偏见持续了两百多年，直到歌德参观斯特拉斯堡大教堂前，他仍抱有此偏见，“哥特式”条目在歌德头脑中是与“模糊的、杂乱无章的、矫揉造作的、粘结的和厚厚涂抹”的同义，是“所有不合适我的体系事物的统称”。[4]一直到他来到斯特拉斯堡大教堂前，被其倾倒，为其正名。

直到十九世纪，认为哥特式风格源自德国的误解才被澄清。十九世纪以来，德国、法国等许多国家都将哥特式风格看作一种国家风格，从而赋予哥特式以民族主义精神。然而事实上，哥特式风格是继罗马式风格后，中世纪

1 范景中（主编）：《美术史的形状》第一卷，杭州：中国美术学院出版社，2003 年，第 140-141 页。

2 范景中（主编）：《美术史的形状》第一卷，杭州：中国美术学院出版社，2003 年，第 142 页。

3 罗兰·雷希特（著），马跃溪（译），李军（校）：《信仰与观看——哥特式大教堂艺术》，北京：北京大学出版社，2017 年，中文版序，第 3 页，脚注 1。

4 范景中（主编）：《美术史的形状》第一卷，杭州：中国美术学院出版社，2003 年，第 151 页。

欧洲艺术普遍流行的第二次"国际风格"，十九世纪的哥特复兴式甚至是遍及欧洲大陆、英国、美国乃至澳洲的一个真正意义的国际风格。到了二十世纪，哥特式又在结构技术上为现代建筑提供了取之不尽、用之不竭的资源。

二、哥特式教堂的研究史——力学构造与象征意义

伴随着为哥特式风格的正名、哥特民族主义兴起、哥特复兴式的流行，现代建筑在结构、技术上从哥特式得到启发和借鉴，艺术史作为科学性学科也在十九世纪末二十世纪初发展起来，许多早期艺术史家、建筑师都将研究对象聚焦在哥特式艺术上。

本书第一部分"从浪漫化的力学构造到象征光明的大教堂"便是从哥特式建筑的技术与象征，装饰、风格和空间展开，介绍十九和二十世纪艺术史家对哥特式艺术从结构技术以及象征意义两方面的研究。维奥莱·勒·杜克（Viollet-le-Duc, 1814-1879 年）和布鲁诺·陶特（Bruno Taut, 1880-1938 年）从技术和结构上对哥特式建筑的研究；哥特教堂作为技术模型对弗兰克·劳埃特·赖特（Frank Lloyd Wright, 1867-1959 年）、沃尔特·格罗皮乌斯（Walter Gropius, 1883-1969 年）、密斯·凡·德罗（Ludwig Mies van der Rohe, 1886-1969 年）等现代建筑师的影响；艺术史家维克霍夫（Franz Wiekhoff, 1853-1909 年）、保尔·弗兰克尔（Paul Frankl, 1878-1962 年）、杨臣（Hans Janzen, 1881-1967 年）、埃文·潘诺夫斯基（Erwin Panofsky, 1892-1968 年）、汉斯·赛德迈尔（Hans Sedlmayr, 1896-1984 年）、奥托·冯·西姆森（Otto von Simson, 1912-1993 年）等从象征层面对哥特式建筑的解读，无论是从神学思想、诗歌精神或经院哲学和新柏拉图主义的任何角度出发，在这些艺术史家眼中，哥特式大教堂首先具有某种绝对的精神意义，而非物质作品。

三、哥特大教堂艺术研究的再物质化视角

诚如作者在本书导论所言，上编对 19 和 20 世纪的哥特式艺术史学史的考察虽然只是纲领性论述，但却又是必要的，它让我们了解，今天我们对中世纪哥特式艺术的看法是建立在哪些解读和表述上的，从而也让我们看清，作者如何从其他角度、运用更丰富材料，如何重新审视"哥特式艺术"这一历史概念，亦即本书下编"大教堂艺术概论"从"再物质化"（re-materialisation）视角对哥特式艺术的解读。作者以大教堂作为宗教活动场所的功能性，视觉观看和空间布局的关系为出发点，在第二部分的前三章论证

了从十二世纪开始，信徒日益强烈的宗教情感和不断增长的观看需求如何影响了圣体圣事、宗教戏剧、哥特式大教堂建筑的结构和彩绘，以及圣体柜和圣物盒、彩画玻璃、雕塑、金银工艺等制作，作者在最后一章审视了哥特艺术的创作、生产、程式流传、展示和交易，及其背后的社会结构，揭示出哥特式艺术作品复制性、分工协作、大规模和标准化的生产特点。

教堂是如何兴起的（作为观看与信仰的大教堂艺术——建筑、圣体柜、圣物盒）

本书研究的着眼点，一如书名——“信仰与观看”，将哥特式艺术的理解放置在大教堂的空间和信仰的语境中。因本文篇幅所限，以下仅选取书中关于大教堂建筑、圣体圣物和哥特式艺术创作生产三方面加以略述。

同是研究哥特式艺术的法国艺术史家埃米尔·马勒（Emile Mâle，1862-1954 年）曾在他的《中世纪的艺术和艺术家》（Art et artistes du Moyen Âge）（1927）一书的序言中纪录了近百年前的教堂慢慢失去其原本通过石雕、玻璃画等艺术品宣扬教义的功能：

> 我从这座教堂来到那座教堂，但从未遇到过考古学家、艺术家，甚至游客。幽暗中，只有寥寥几个妇人跪在祭坛的灯边；年老的牧师在向孩子们讲解教义；还有最虔诚的洗礼仪式——以上这些是我经常看到的景象，无论是在最普通的教堂还是最著名的教堂中。我久久欣赏着门廊中的雕像或中央广场的彩绘玻璃窗，但未曾有人分享我的这种乐趣。我不禁自问，在法国，是否还会有人为这些杰作所感动。悲哀的是，这些教堂，曾经用成千上万的石雕和玻璃画来宣扬教义，如今却再无人留意它们。如果可以，我决心复兴这一遭到忽视的重要艺术，使她重新享有盛名。[5]

在基督教历史上，信徒对视觉观看需求的增长发轫于十二世纪，这离不开亚西西的圣方济各（Francesco d'Assisi, 1182-1226 年）在基督教教义的可视化进程起到的不可忽视的作用。圣方济各一方面通过劝说人们张开双目观看圣体的真实临现和福音的真实存在，另一方面在其《方济各训道集》中强调

5 此书由 Sylvia Stallings Lowe 翻译成英语：*Art and Artists of the Middle Ages*，收录了马勒在 1897 至 1927 年出版的论文。中文翻译见梅娜芳：《马勒的图像学研究》，207 页。载于范景中、曹意强（主编）：《美术史与观念史》VI，南京：南京师范大学出版社，2007 年，206-221 页。

见证人在基督教信仰中的关键作用，甚至他也将自己的生活可视化在公众面前，通过自己的实际行动“效法基督”，见过圣方济各传教的人将其生平著书，而他的生平故事在其在世时就被绘之于墙壁。审视十三、十四世纪的文学、艺术作品，我们也看到越来越多的见证人形象出现，这些作品将读者、观者带入故事的情景中，有的时候甚至宣宾夺主，让布道对读者和观者的影响成为表现重点，而作为描绘主题的布道内容反退居其次。[6]伴随基督教教义的可视化，在文学、艺术作品中见证人地位的上升，持续增长的宗教热情等都越来越激发信徒的观看需求。这首先体现在对教堂空间、圣体圣事和圣物的观看上。

教堂从词源学看，是从希腊语“kyriake”（“属神的”）发展而來。相较于佛殿，虽然佛殿中的佛坛前可以举行法事，但佛坛几乎充斥整个大殿空间，佛殿更是一个供奉佛像的空间，而教堂作为“上帝的房子”即指基督徒群体聚集敬拜的场所。早期基督徒在私人家中举行礼拜，在基督教被迫害时期，基督徒甚至被迫在地下墓穴举行礼拜，当基督教被确定为罗马帝国的国教后，基督徒借用古罗马一种用作法庭或市政厅的公共建筑——巴西利卡的建筑布局来建造教堂。哥特式教堂的一个特征就是延用了巴西利卡建筑细长的布局，前殿长长的大厅满足了信徒聚会的要求，加强了建筑的纵深感，而末端的后殿是举行圣事、存放圣物的“圣所”，正中心的祭台作为整个空间的中心牵引着信徒的目光。

教堂建筑的另一个重要特征还在于它是逐渐形成的结果。相较于中国木质建筑的易毁性，石质的欧洲教堂极少完全被摧毁，而是从其建造伊始就是在不断修复、改建、扩建中使用不同材料、累积不同艺术风格的产物。一座哥特式教堂可以因为神迹显现或审美原因，保留部分古代墙体或地下墓室的圆柱（圣德尼大教堂），但也要为了增加的信徒和观看的需要而扩建内殿（圣德尼大教堂），调整内殿和中殿的关系（巴黎圣母院、科隆大教堂）和增加光线摄入（圣桑斯大教堂，兰斯的圣勒弥爵教堂）等。一座建筑没有终结设计者，每位建筑师都是这座建筑谱系的续写者，这个谱系联系了古代遗存和“现代”的设计，呈现建筑的历史和传统。[7]

6 罗兰・雷希特（著），马跃溪（译），李军（校）：《信仰与观看——哥特式大教堂艺术》，北京：北京大学出版社，2017 年，第 91-100 页。

7 罗兰・雷希特（著），马跃溪（译），李军（校）：《信仰与观看——哥特式大教堂艺术》，北京：北京大学出版社，2017 年，第 131-145 页。

信徒也通过观看圣体和教堂里的圣物领会教义，审视自我、亲近上主。《圣经》的《马太福音》(26: 26-29)、《马可福音》(14: 22-26)、《路加福音》(22: 15-20) 和《格林多前书》(11: 23-25) 记载了耶稣在最后的晚餐时设立圣餐。在基督教会建立后，举办圣餐礼逐渐制度化。十一世纪出现修道院专门的圣体崇拜，继而在十二世纪的神学家和修会内部展开了对圣体圣事的变体说的广泛讨论，1215 年的拉特兰会议终于正式定义："面包化为圣体、葡萄酒化为圣血的变体现象"，肯定了基督身体在圣体圣事时候亲临现于教堂的教理。从十三世纪中期开始，举扬圣体风行整个欧洲，举扬圣体教理确定了基督身体在此刻临现于教会，这改变了人们对教堂空间的认识，它不再是天上圣城耶路撒冷的缩影，而是上帝临在的神圣空间，人们用眼睛确认上帝的临在，体验与上帝在永恒空间的相遇。[8]

耶稣和早期教会时期，人们就相信圣物的神奇功效。《马太福音》记载一个患血漏的女人在摸了耶稣衣服的缝头就治愈了 (9: 20-22),《使徒行传》圣保罗的毛巾和围裙被放在病人身上，疾病和魔鬼便离开他们了 (19: 11-12)。天主教圣物是指圣人或真福的遗体或者遗骨，以及圣人生前用过的或者与圣体接触过的物品。中世纪的城市的名气由它所拥有的圣物决定；同一座城市的不同教堂也通过对比拥有圣物的数量和级别展开竞争；同样，在世俗世界，圣物同皇冠、君主的节杖和象征统治权威的带有十字架的金球一样是古代欧洲君王确立和彰显其王权的象征。奥古斯丁时代，在西方长期禁止尸体分割的行为才像在东方那样被人接受。如同佛陀涅槃后，八万四千块舍利被分送各地，但相较佛舍利有限数目，天主教圣物数目无可计数，且不断增长。对圣物的分割和分发扩散也进一步刺激人们观看和展示的欲望。

对圣体、圣物的观看和崇拜一方面反映了中世纪人们对其神奇功效的完全信赖，同时也促进手工艺者制作用来保护和存放圣体和圣物的圣物盒。十二至十五世纪，金银手工艺者通过运用透明材料、配有示窗的方式，让圣体和圣物越来越可视化 (列日的十字架箱)；圣体柜和圣物盒的金银珠宝材料也更加璀璨夺目、装饰图案也愈加华丽繁复，同微小质朴的圣物对比鲜明。除此以外，它们也越来越多配以引导观者视线的人物、辅助手势和故事情节让圣体柜和圣物盒越来越具有叙事性和舞台戏剧性，这都更加激发观者观看欲

8 罗兰·雷希特 (著)，马跃溪 (译)，李军 (校)：《信仰与观看——哥特式大教堂艺术》，北京：北京大学出版社，2017 年，第 85-91 页。

望（潘普洛纳主教座堂的圣墓圣物盒、若库尔的圣十字架祭坛装饰屏、沙鲁教堂画板圣物盒、阿西西圣方济各纳瓦尔的让娜圣物盒等）。[9]

四、模型与哥特式艺术的制作与流传

本书的最后一章精彩地指出了在不断增长的观看需求下，对哥特式艺术作品的需求也不断增长，这促成了更多艺术工坊和不同社会群体参与到创作和生产中。在这过程中，出现了二维的模型图册甚至三维的陶土或石膏模型。作为二维的传播媒介，图纸便于流传，运用图像拼贴技术，则能制作出程式与风格混合相生、变幻无穷的作品。而陶土和石膏三维模型则促进了通过翻模在短时间复制完成精致的作品。哥特式雕塑透露其生产高度协作化，劳动分工明确化、监控和管理严密化，以及产品生产的大规模和标准化。这让人联想到德国艺术史家雷德侯分析中国古代制作青铜器、漆器和陶瓷等工厂艺术的“模件”理论。[10]只是中国模件化生产早于欧洲中世纪艺术两千余年，而石质和木质的哥特式雕刻比直接从陶模翻制的秦始皇兵马俑为艺术家留有更多个性发挥空间。

本书还有太多精彩讨论：教堂内外墙壁的彩绘、彩画玻璃的二维平面性以及画与底的关系、雕塑和绘画的地位比较、民间宗教庆典和宗教仪式、戏剧的关系、程式化人像和个性肖像、艺术品交易等问题有待读者细读。

作者在本书导论部分提出，对我们现代人而言，十二和十三世纪仍是一片充满未知的领域，我们很难在那个时代人的位置上思考问题。而本书的确为我们从信仰和观看的角度打开了认识这个时代的艺术之门，它帮助我们在面对哥特大教堂艺术的时候，打开通往智力之眼睛和信仰之心灵，通向与历史神圣的相遇。

“脸的历史”：折射内心之镜或角色扮演之舞台？——评汉斯·贝尔廷《脸的历史》

历经十余年的写作，德国艺术史、图像学学者，媒体理论家汉斯·贝尔

9　罗兰·雷希特（著），马跃溪（译），李军（校）：《信仰与观看——哥特式大教堂艺术》，北京：北京大学出版社，2017 年，第 100-119 页。

10　雷德侯（著），张总（等译）：《万物——中国艺术中的模件化和规模化生产》，北京：生活·读书·新知三联书店，2005 年。

廷（Hans Belting，1935-）在 2013 年推出其德语著作《脸的历史》（Faces: Eine Geschichte des Gesichts）。2017 年 8 月，其中文译本由北京大学出版社出版。

中译本封面是一张脸部面具的正面黑白照片：面具的额头部分被一只右手遮盖，阴影中左半边脸的大部分被一只左手遮盖，所能看见的是闭合的双眼，面具右半边的脸颊、鼻子和耳朵。这是一张写实的面具吗？它的模特是谁？它为什么会被双手遮盖？这是谁的双手？这是一张熟睡、冥想还是永远沉睡的面孔？

这张令人费解的面具照片传达出：人脸所具有的面具性让观者理解在不同媒介上的再现之脸，甚至是身边的血肉之脸，变得十分困难。正如本书第一句引用的格奥尔格·克里斯朵夫·利希滕贝格（Georg Christoph Lichtenberg，1742-1799 年）的话："世上最值得玩味的表面乃是人的脸。"[11]

事实上，照片上这张面具是艺术家白南准（Nam June Paik）在上世纪八十年代以自己的脸和手为原型制作的青铜像——《自肖像 / 头与手》。早在一段 1961 年的影像中，沃尔夫冈·拉姆斯博特（Wolfgang Ramsbott）纪录了白南准双手在脸上的交替开合，制造出一张不断变化的"活面具"。录像赋予作品时间性与节奏性，传达出面具"显示"与"隐藏"的双重含义。青铜像《自肖像 / 头与手》是时隔二十多年后，白南准回应纪录自己青年时代影像的装置作品的一部分：双眼紧闭、大部分被遮蔽的青铜面具放置在播放影像的屏幕前。在另一幅照片中，白南准的双手握住遮在塑像面部的两只手，似乎和青铜像合为一体，他目视观者，露出狡黠的笑容。照片上，我们看到的是艺术家本人的三张脸：被双手遮蔽的屏幕中的"影像脸""青铜面具"，以及未被遮蔽、目视观者的艺术家之脸。然而，即使是真实的脸也只是照片拍摄到的某一瞬间人物的面具，影像、青铜像和真人之脸都无法卸下作为面具的特性。照片上的它们相互指涉，亦与观者相联，构成循环交流的面具游戏。脸与图像之间的这种张力正是贝尔廷在这部前所未有的《脸的历史》中所探讨的问题。

11 汉斯·贝尔廷（Hans Belting）（著），史竟舟（译）：《脸的历史》，北京：北京大学出版社，2017 年，第 1 页。

一、何为人脸?

从器官及其功能上看，“脸”是从额到颔的范围，包括眉、眼、鼻、耳、口、脸颊、皮肤等器官。因此，脸是集视觉、听觉、触觉、味觉和嗅觉等多种感觉器官的集合。

除了对外在世界的感知，脸也通过表情表达对外知觉和内在情绪。贝尔廷认为，脸首先是一张通过目光、声音和表情制造出来的脸，它最重要的任务是作为一种表达途径（Ausdrucksmittel）。人们通过脸表达感情、传达信息、展现自我并与他人进行交流（参见 2013 年《明镜周刊》关于此书对贝尔廷的访问：http://www.spiegel.tv/videos/129453-faces）。

“这张脸既是遗传也是后天训练的结果；既在于展示和显现，也在于隐藏和伪装；不仅具有个体特征，也受社会条件制约。因此人脸可以被称为连续变化的、被制造出来表达自我和进行交流的面具”。[12]

二、贝尔廷跨时间、跨媒介与跨学科的“人脸”研究

无论在中世纪和文艺复兴时期艺术、现当代和媒体艺术，或不同文化视觉体系交流领域，贝尔廷不仅赋予图像原创性阐释，论证丰富的图像元素为不同宗教仪式、社会文化的产物，他更坚持关注人类制作、传播与接受图像可能具有的普遍和原始不变的基础。这进而促进了他在图像科学（Bildwissenschaft）领域的探索。为中国读者所熟悉的《艺术史的终结》（Das Ende der Kunstgeschichte?）一书就是当今后历史（Posthistoire）、全球化语境下，贝尔廷跨媒体、跨学科的图像科学研究对传统艺术史研究的反思与回应。

这部《脸的历史》就是其图像科学研究方法与理论的实践。在本书中，贝尔廷跨越时间与艺术媒介，选取了从石器时代的宗教面具到古希腊戏剧面具，从欧洲早期现代肖像画到十九世纪以来的人像摄影，从基督教圣像到市民肖像画和艺术家自画像，从国家画像、波普偶像到自媒体图像等材料，并从考古学、人类学、艺术史、社会历史学、心理学、面相学、大脑研究、大众传媒等不同学科，考察了与“脸”相关的身体行为与艺术视觉创作，以及对两者感知的过程。本书是对由脸引发的表情与自我表达、展现与隐藏、在场

12 汉斯·贝尔廷（Hans Belting）（著），史竞舟（译）：《脸的历史》，北京：北京大学出版社，2017 年，第 22 页。

与再现、死亡崇拜与记忆、身份符号与传播媒介、图像与生命等丰富主题的一次引人入胜的探索。

全书按时间顺序和不同艺术媒介分为三部分："面貌多变的脸和面具""肖像与面具：作为再现的脸""媒体与面具：脸的生产"。各部分独立成篇，也彼此关联、相互映现，前后相继地叙述"脸"这一多样性主题。在每一部分最后，贝尔廷都会回到脸与面具的关系上，并突出全书的一个重要观点：人脸的不可描绘性。因为即使图像是从活人脸上复制下来的，它也无法将生命一并捕获，而只是掳走了时间，从再现的那一刻起，人们就只能以回顾的方式去注视它。[13]

"面貌多变的脸和面具"

在第一部分，贝尔廷关注的是作为身体一部分的脸和拥有悠久历史的面具之间的关系。他首先将脸与面具视为统一主题（第一章）；接着按时间进程并渐次交叠地论述面具在宗教祭礼的起源，并随之开启史前史时期的脸部文化史考察（第二章）；以及在殖民时期，因为西方人对民族学研究兴趣的增加，面具作为异域珍品在博物馆重现的研究（第三章）；随后，贝尔廷考察了脸从古希腊罗马到近代戏剧上的脸、面具和角色扮演的变化（第四章）；并关注了古典时期面相学到其科学遗产颅相学和脑部研究：从约翰·卡斯帕·拉瓦特尔（Johann Caspar Lavater）的面相学对人脸和心灵、情感及其艺术表达关系的研究，到后面相时代，查尔斯·贝尔（Charles Bell）和查尔斯·达尔文致力于脸肌肉运动与头骨的生理和社会行为特征的研究，直至近期神经科学家忽略脸是内在生命的重要外部表达，而只专注于大脑的研究（第五章）；最后，贝尔廷讨论了进入现代之后，面具作为陌生和不可理解的事物，进入人们对怀旧、悼亡的体验之中（第六、七章）。

事实上，脸和面具都可以被理解为显现在某个表面（surface）上的图像。只是脸是天然的皮肤，而面具是人工制品；而且，相对于面具只有一种固定不变的面部表情，脸部处于永不停歇的表情变化中。只有在死亡后，脸才通过死亡面具成为某个恒久不变时刻的再现。

虽然人的大脑可以对脸进行识别，并解读他的年龄、性别，但人的表达和自我之间的关系是很难洞察的。因此，人脸更像一个通过表情、目光和声

13 汉斯·贝尔廷（Hans Belting）（著），史竟舟（译）：《脸的历史》，北京：北京大学出版社，2017 年，第 12 页。

音扮演角色的舞台，而非一面折射内心生命的镜子。[14]

三、肖像与面具：作为再现的脸

第二部分涉及再现脸的肖像和面具。不同于传统艺术史对肖像画的研究，贝尔廷视肖像为内在生命的外在表现象征，即面具或角色。他强调肖像的面具性，认为虽然图像比脸存在时间久远，但却无法弥补其生命的空白，因为肖像画无论多么逼真地再现脸，它只能被限制在一个没有生命的表面（第八章）；相较于肖像是对终将消亡生命的记忆图像，画面中的脸具有物的持久性，掩盖了死亡的残酷面目，而象征死亡的骷髅则不戴任何面具，昭示了肉身必朽的真相（第九章）；随后，贝尔廷按时间发展简要梳理了欧洲从圣像到肖像绘画的历史（第十章）；特别举例文艺复兴和巴洛克时期重要的自画像画家如丢勒、卡拉瓦乔、伦勃朗、普桑等的作品（第十二章）。贝尔廷另外关注的是两位二十世纪先锋艺术家弗朗西斯·培根（Francis Bacon，1909-1992 年）和乔格·莫尔德（Jorge Molder，1947-）。培根扭曲的肖像画赋予观者一种强烈的感受：这张脸正在通过表情来挣脱描摹的面具，如同这章的副标题“挣脱牢笼的脸”，从而揭开面具并重新获得生命力（第十三章）。最后一章贝尔廷通过葡萄牙艺术家莫尔德的摄影作品，从肖像绘画转移到肖像摄影：虽然在技术上摄影能提供与脸更大的相似性，但它也只能封存画面定格的瞬间。而新媒体，如电影、电视同样受限于拍摄的固定时间段。新媒体肖像作品仍然无法摆脱再现瞬息变化脸的危机（第十四章）。

在序言中，贝尔廷便提出，“其他的文化拥有面具，而欧洲人发明了面具的替代形式——肖像画”。[15]肖像画是圣像画的一种衍生物，这一欧洲早期近代艺术特征应归结于基督教圣像画传统，其中罗马圣彼得大教堂的“维罗尼卡圣帕”（Sudarium）是其发端。在耶稣背负十字架前往各各他（Golgotha）途中，圣维罗尼卡曾用一方手帕为他拂拭脸上的血迹和汗水，于是耶稣的面容就被印在这块方帕上（圣维罗尼卡的名字暗指“真实图像”，vera iconia）。在肖像画诞生早期，弗兰德斯许多画家都曾以“维罗尼卡圣帕”为题材进行创作（图 80），这些作品从对耶稣面部（包括头发和胡须）的单独呈现——仿

14 汉斯·贝尔廷（Hans Belting）（著），史竞舟（译）：《脸的历史》，北京：北京大学出版社，2017 年，第 35 页。

15 汉斯·贝尔廷（Hans Belting）（著），史竞舟（译）：《脸的历史》，北京：北京大学出版社，2017 年，第 11 页。

佛是在布面上印制的面具——逐渐发展为半身像。随后，圣像也逐渐转化为通过画面再现一张以生活为原型的真实脸的肖像画。[16]区别于圣像画，欧洲近代早期肖像画画家一方面将圣像画的正面像转变为不同角度的侧面肖像，使被表现的人物脱离平面，赢得“在场”的行为空间；另一方面则通过对目光的重新发现，使肖像从圣人面容转变为正在通过目光注视世界的个体化脸。正如潘诺夫斯基对文艺复兴艺术区别于中世纪艺术的论述：“在主客体之间有了距离，它客观化了对象，并人格化了主体。”“主体”（subject）和“对象”（object）的拉丁文是 subiectum 和 obiectum，它们的前缀“sub”和“ob”分别意为“里面”和“对面”，“iectum”则意为“投射”。通过建立与观者的距离和空间，也通过加强人物内省的目光描绘，肖像画实现了主观描绘（Subjektbeschreibung），强调被描绘对象的主体性。虽然木板没有生命，而描绘在木板上的肖像也只是以脸为原型的面具，但它却创造出一种个体化的生命，从而也体现了欧洲近代早期人新的自我意识。

四、媒体与面具：脸的生产

在全书第三部分也是最后一部分，贝尔廷提出脸和面具在当前新媒体下——视频、活动影像与电影（十七、十八章）、波普艺术（二十章）、虚拟网络空间（二十一章）——的命运问题。在公共领域，自然之脸越来越多被媒体脸排挤，人脸已经被训练到习惯在镜头前变成合适的面具，如同我们在梦露照片上看到的那样，面具脸和活泼的身体强烈分离，脸日趋模式化、扁平化，变得日益空洞和贫乏（十五章）；数字革命也让脸图像无限制生产和过度传播，伴随着图像印刷和影视作品的传播，随之建立起对大众面孔的监管（十六章）和对名人的脸部崇拜（二十章）。新时代中，无论是电影导演谢尔盖·爱森斯坦、英格玛·伯格曼，视频艺术家布鲁斯·瑙曼（Bruce Nauman，1941-）、白南准，还是画家查克·克洛斯（Chuck Close，1940-2021 年）都试图逃离对脸部再现如面具生产般的监狱（十七、十八、十九章）。

第三部分媒体脸的主角是公众人物的脸。贝尔廷指出，政治或影视领域的“明星脸”的图像并不面向单独观看的个体，而是面对大众，明星脸是代表大众的集体面孔。天安门城楼上的毛泽东肖像是贝尔廷这本着眼欧洲的文化史著

16 汉斯·贝尔廷（Hans Belting）（著），史竞舟（译）：《脸的历史》，北京：北京大学出版社，2017 年，第 164 页。

作少数投向欧洲视野以外的例子。自 1949 年中华人民共和国成立之年起，毛泽东画像就被悬挂在天安门城楼上，始终巍然不动。沃霍尔的“毛泽东系列”正出现在波普艺术流行的上世纪七十年代。毫无疑问，天安门城楼上的毛泽东画像与沃霍尔的毛泽东像是两种有本质区别的社会制度的化身，大尺幅的油画作品也被转变为可以大量复制的机械印刷品，政治人物脸的图像从政治宣传变为消费者购买的商品。但两者相同的是毛泽东那凛然端庄的脸的面具特征。

此外，当今的读者会注意到脸书（Facebook）或其他社交媒体的使用者可以用图像也可以使用文字再现他们的世界。但“脸书”的特别之处在于它使用了“脸”作为名称。然而，“脸书”用户不一定用他们脸部肖像，特别是自拍像，作为代表自我的头像，而更多用一些个性化的表达方式。人们表达自我的方式更加多样和模糊。

正如贝尔廷在序言和后记所说，“脸”是超越各种边界漫无边际的主题（359 页）。因为脸本身是极其复杂的表面，与其说是人物内心的镜子，倒不如说是其角色扮演之舞台。因而，这本《脸的历史》毋宁说是一本前所未有深入探讨欧洲面具文化史的著作。无论是对专业人士，还是普通读者，它都是值得推荐的。

风景作为艺术主题之辅助或精神

一、引言

2014 年翻译出版的《风景与西方艺术》（Landscape and Western Art）是一本探索西方文化史上风景的概念及其不同表达方式的著作。本篇书评将择取介绍书中几个章节，并由此讨论西方不同绘画种类的产生和等级地位及其变化的问题，书评也对此书研究对象、写作结构和研究方法作简要评述，并在最后指出一些翻译的问题。

二、结构与概况

全书共九章，正如作者所说，他不是按顺序引导读者穿越博物馆的“风景画”展厅，而是每一章都有特定主题：人们如何从土地中构造“风景”（第一章）；风景画作为独立画种的产生及其等级地位的变化（第二章）；风景如何在美学上实践“怡神之物”的功能（第三章）；16、17 世纪两种类型的风景画，即真实再现地志情况的风景画和理想化的风景画（第四章）；绘画、摄影、舞台、装置等取景框中的风景艺术（第五章）；非如画式的、给人以恐怖、崇高和不确定感的风景艺术（第六章）；风景如何创造和加强一个不存在于任何历史和政治意义的幻觉中的乌托邦世界（第八章）；再现变化中的自然的风景艺术（第九章）。

书中有些涉及风景艺术传统惯例的问题，譬如第二章关于风景画的产生和第四章关于地志画的问题，作者在大多数情况下遵循历史年代的顺序书写；而其他一些主题性比较强的章节，作者则是联系纯理论研究的方式书写。其宗旨就是对所有关于风景的概念，以及它在西方文化史上长期以来多种表达方式的探索。[17]全书对风景艺术的研究范围涉及土地、自然、艺术、地理、政治、宗教等诸多领域，研究对象也从传统艺术的油画、版画、壁画、建筑、园林，到现当代的摄影、装置和大地艺术等。

三、风景画作为独立画种的产生

作者在第二章通过对文艺复兴时期的一些德国画家，威尼斯画派、尼德兰画派、多瑙河画派，以及弗莱芒画家绘画中的“主题”和“背景”分析，并结合文艺复兴时期的艺术理论，探讨了风景画作为独立画种的产生和等级地位的问题。

作者首先以两位德国画家——卢卡斯·克拉纳赫（Lucas Cranach, 1472-1553 年）和丢勒（Albrecht Dürer, 1471-1525 年）作品为例，以此说明风景在文艺复兴时期绘画所扮演的角色密切地依赖着绘画主题，风景画长期仅仅扮演辅助性角色，用来说明和装饰神圣主题和人物形象。它在绘画等级序列中处于宗教主题和神话主题绘画之后，只占据很低的地位。而英雄人物或神圣形象能赋予背景中的风景以高贵和意义。随后，作者阐述了“风景”（landscape）这一术语的意义，并以木版画城镇风光画《纽伦堡纪事》（“Nuremberg Chronicle”, 1493 年）为例，说明在文艺复兴时期，“风景”一词并不是原始的自然景色，它代表一个由行政边界划定的地理区域，它包括城镇周围的土地，毗邻城市的乡村领土就被认为是城市的风景。作者继而从英语、德语、比利时语、荷兰语对“风景”一词的解释更进一步说明“风景”在绘画中的

17 马尔科姆·安德鲁斯（著），张翔（译）：《风景与西方艺术》，上海：上海人民出版社，2014，第 9 页。

装饰性、补充性和附属性地位。在本章第三部分，作者例举了 15 世纪末、16 世纪初威尼斯画派、尼德兰画派和多瑙河画派画家以“荒野中的圣哲罗姆”为题材的作品。这一题材在文艺复兴时期逐渐兴起，一方面是因为文艺复兴画家对早期基督教和中世纪对待远离文明中心的隐居生活态度的继承，另一方面也是文艺复兴画家对待观察自然强烈兴趣的驱使。通过画面中圣哲罗姆和风景背景的关系，作者说明了人物如何日益成为画面风景背景的从属，而风景如何越来越独立于宗教绘画题材，成为画家热衷表现的重点。在本章第四部分，作者分析了阿尔布雷特・阿尔多弗（Albrecht Altdorfer，约 1480-1538 年）于 1516 年所绘制的《有人行小桥的风景》（Landscape with a Footbridge）一画。此幅画面因为没有出现人物形象，因而被认为是欧洲艺术史上第一幅独立的风景画。这幅作品里程碑式的意义，正如贡布里希所说：“在中世纪，一幅画不去明确地图解一个神圣的或世俗的主题，那几乎是不可想象的。只有当画家的技艺本身开始引起人们的兴趣时，画家才有可能出售一幅除了记录他对一片美丽景色的喜爱以外没有其他用意的画。”[18]本章的第五部分则以约阿希姆・帕蒂尼尔（Joachim Patinir，约 1480-1524 年）的三幅作品为例，这三幅作者谓之“世界风景”（world landscape）的绘画都是借助风景来叙事，即同一幅画面由不同风景分割成几个不同场景，从而构成几个叙事故事。作者指出这三幅叙事性绘画中，风景比叙事性场景占据更大比例，这是为了歌颂自然世界卓越的美丽。作者指出了文艺复兴时期知识的扩展，使得画家得以描绘更贴近真实的自然世界，而人文主义精神增加了人们了解复杂和丰富的自然环境的兴趣。作者在本章的最后一部分提出风景画产生地点的问题。他先是援引帕赫特[19]和贡布里希[20]关于意大利人首先发明了独立的风景画的观点，然后指出，除了文艺复兴时期阿尔伯蒂、莱奥纳多等的艺术理论，风景画的产生事实上还牵涉到更加广阔的文化变迁概念，即对经验主义科学兴趣的增长，对自然世界图像描绘的兴趣，对未开发土地资本的态度，以及城市化和商业化的发展等。

---

18 恩斯特・贡布里希（著），范景中（译），林夕（校）：《艺术的故事》，北京：生活・读书・新知三联书店，1999 年，第 356 页。

19 Otto Pächt, “Early Italian Nature Studies and the Early Calendar Landscape.” In: *Journal of the Warburg and Courtauld Institutes* 13. 1950. pp. 13-47.

20 Ernst Gombrich, “The Renaissance Theory of Art and the Rise of Landscape.” In: *Norm and Form: Studies in the Art of Renaissance.* London: Phaidon, 1966. pp. 107-121.

四、风景作为“怡神之物”

在第三章，作者以从文艺复兴开始的别墅选址、别墅建筑、花园、室内壁画等为例，以及文学和艺术中田园诗和田园画作品，并结合艺术文献，说明土地如何越来越多成为美学上的怡神之物——风景。

作者首先从单词“怡神”的拉丁语词源“ameonus”出发，指出古典时期和文艺复兴时期，令人愉快的地方，特指美丽的田园和花园，无论是人工营造还是纯自然，他们必须是同外界公共事务隔离的地方。以阿尔伯蒂（Leon Battista Alberti, 1404-1472 年）的《建筑艺术》（“De re aedificatoria”，1485）、帕拉迪奥（Andrea Palladio, 1508-1580 年）的《建筑四书》（“I Quattro Libri dell' Architettura”，1570）、巴托洛米奥（Michelozzo di Bartolomeo, 1396-1472 年）建造的美第奇别墅（Villa Medici）、帕拉迪奥建造的卡普拉别墅（Villa Capra）和提沃利（Tivoli）的埃斯塔花园（The Este Garden）与皮蒂格利亚诺（Pitigliano）的奥尔西尼公园（Orsini Park）为例，作者说明了乡村和花园景色是别墅选址和建造的重要性因素。接下来作者阐述了在文艺复兴时期，古典时期的农学文本、田园诗歌、以及贺拉斯式的诗歌得以复苏，文艺复兴时期文学和艺术作品也越来越多地歌颂田园生活的理想部分，抨击现代城市中的物质污染和道德污染。这促进了文艺复兴时期的乡村别墅文化与绘画的发展。乔尔乔内（Giorgione, 1477-1510 年）、提香（Tiziano Vecellio, 约 1488/1490 年-1576 年）的田园牧歌绘画就是对牧歌文学的反映。之后，作者例举委罗内塞（Paul Veronese，约 1528-1588 年）为巴巴罗别墅（Villa Barbaro）所作的室内风景壁画和多索·多西（Dosso Dossi，约 1489-1542 年）和巴蒂斯特·多西（Battista Dossi，约 1497-1548 年）为佩萨罗（Pesaro）的帝王庄园（Villa Imperiale）装饰的错视觉壁画，并指出小普林尼（Pliny the Younger，约 61-112 年）的观点，即别墅客厅或长廊壁龛里的风景绘画是真正的风景，而通过别墅窗户或凉廊开口的一片美丽景色则更像一副美丽的风景画。

作者通过建筑与花园以及花园与自然环境的联系，强调别墅选址的重要性以及别墅内部风景画的布置，展示了文艺复兴时期乡村别墅的驯服与野生、艺术与自然之间经过协调的关系，以及风景如何融入乡村别墅的整体文化体验之中。[21]

21 马尔科姆·安德鲁斯（著），张翔（译）：《风景与西方艺术》，上海：上海人民出版社，2014 年，第 78 页。

五、真实再现与理想化的风景画

作者在第四章主要探讨了风景画的两种类型：即作为真实再现地志情况的风景画和理想化的风景画。本章开篇作者用斯内尔斯（Peeter Snayer, 1592-1667 年）的《伊丽莎贝拉公主……于布莱达围攻战》（The Infanta Isabella [⋯] at the Siege of Breda）和格雷科（El Greco，1541-1614 年）的《托莱多的风景和平面图》（View and Plan of Toledo）为例，说明一幅风景画可以调整为一幅地图，一幅地图也可以表达出一幅风景画。作者继而进一步说明地图和风景画的密切关系，以 16 世纪后期和 17 世纪的荷兰出版的地图和荷兰画家风景画为例，例如维斯特（Claes Jansz Visscher, 1587-1652 年）出版的法国地图《高卢》（Gallia）、克鲁斯（Jacob van der Croos）绘制的《海牙景色，以及毗邻的二十幅风景》（View of the Hague with Twenty Scenes in the Neighborhood）、范勒伊斯达尔（Jacob van Ruisdael, 1628 / 1629-1682 年）绘制的《哈勒姆风景以及漂白的地面》（View of Haarlem with Bleaching Grounds）等，作者探讨了地图制作者和画家的作品如何共生繁荣。他特别指出，正是荷兰贸易扩张并同时强化着自身民族特征导致其对其他国家和本国地图和风景有特殊吸引力。接下来作者将焦点转移到同时期的意大利和法国，那里避开了对地形地貌的写实纪录，以普桑（Nicolas Poussin, 1594-1665 年）英雄史诗式的风景画和洛兰（Claude Lorrain, 1660-1682 年）田园牧歌式的风景画为例，作者说明了意大利和法国这一时期的风景画借助自然风景同人物活动的融合，渲染一些理想化的美丽景象，引导观者进入古典浪漫的气氛，并唤起观者的情感，理想化的风景提高了风景画的地位并迎合了赞助人的需求。结尾部分，作者探讨了鲁本斯（Peter Paul Rubens, 1577-1640 年）的油画——《海特斯滕城堡风景图》（Autumn Landscape with a View of Het Stehen in the Early Morning），这幅绘画具有荷兰和意大利、法国两种传统惯例的构成方式，鲁本斯一方面真实再现了他在海特斯滕的居所及其周边环境，另一方面又将尼德兰低地的几处实景组合于画面上，从而作品远远超过了所谓“地图画”，而赋予这片土地文化价值。作者最后指出，从技术和风景画主题的选择上看，鲁本斯都一直在强调本土的、民族的特征。

六、评价与问题

全书第二章论述关于风景画的产生尤为精彩，作者通过风景作为背景所占据画面比例的增加、构图上的强调以及描绘技巧的提高，说明了从文艺复兴开始，风景画如何逐渐脱离其原有的宗教、神话和历史性主题，摆脱其辅助性角色，而成为独立的绘画题材。

另外，作者在第二、四、八章都涉及绘画题材的等级问题。文艺复兴以前，风景只处于辅助性位置，画家通过圣人或英雄人物形象赋予风景背景以高贵的意义；从文艺复兴开始，风景画逐渐成为独立的绘画题材；16、17 世纪，一幅写实的地志风景画的地位是低于赋予宗教题材、神话题材、历史和文化价值的风景画的；17 世纪的古典主义画家则通过理想主义化的、精致的风景描绘来提高风景画的地位；到了 18、19 世纪，浪漫主义和印象派画家通过描绘自然的变化，提升风景画的教育意义和精神价值，让风景画逐渐等同于西方绘画题材中居于最高地位的历史画。

现代主义艺术产生之前的西方，对于艺术家来说，题材一直居于首要位置。[22]因而，绘画题材的产生和等级地位及其变化一直是研究西方艺术史的重要问题。题材的地位随时代而变化，正如本书中探讨的，风景就是晚于肖像、宗教、神话和历史等题材，在文艺复兴后才成为独立的绘画题材。它的地位也是从 17 世纪起因为诸多艺术、自然科学、政治、社会等因素逐渐得以提高的。对于主体是风景题材的作品，画家也会通过诸如增加古典主义建筑和宗教和神话人物等方法来渲染古典浪漫主义或宗教气氛，提高作品的地位，迎合赞助人需要。

除此之外，在其他绘画题材中画家也有通过对作品的命名，增减画面背景或者改变人物的姿态等方式来改变作品的题材和等级地位。例如亚德里安·德格里夫（Adrian de Gryef, 1657-1722 年）描绘动物、植物和水果等静物的油画被命名为“创世的比喻”和“天堂”，使其由静物画上升为地位高级的宗教寓意画；而委拉斯开兹（Diego Rodríguez de Silva y Velázquez, 1599-1660 年）通过去掉背景中的宗教故事，使一幅宗教题材画变为朴素的风俗画；德加（Edgar Degas, 1834-1917 年）则通过赋予 19 世纪日常生活中的人物以古典姿态，将室内风俗画上升为历史人物画的地位。

作为视觉艺术和维多利亚时期文学两方面研究方向的教授，马尔科姆·安德鲁斯教授一方面在对风景研究所择取的视觉材料极为丰富，涵盖包括油

22 恩斯特·贡布里希（著），范景中（译），林夕（校）：《艺术的故事》，北京：生活·读书·新知三联书店，1999 年，第 577 页。

画、室内壁画、建筑、园林、摄影、大地艺术、装置艺术等几乎所有西方视觉艺术材料。作者对每件作品绝不泛泛而谈，而是通过悉心的描绘，简洁而准确地指出作品形式上的特点，并揭示不同时期、不同类型的作品在图像传统上的联系。另一方面，作者也广泛引用同期的艺术理论和文学作品来论证自己的观点，这点尤其体现在对文艺复兴时期关于艺术与自然的艺术理论（阿尔伯蒂、列奥纳多、帕拉迪奥等），以及研究古典时期的农学文本、田园诗歌（维吉尔、贺拉斯）和文艺复兴时期歌颂田园生活的文学作品中（彼得拉克、薄伽丘、安吉罗·波利齐亚诺、皮特罗·本博、桑那扎罗、莎士比亚等）。

全书共 129 幅插图，大部分为彩图，但色差较大。图文编排合理，便于阅读。另外，读者仍期待增加除了作者和时间之外的图片信息，如材料、尺寸、收藏地等。

本书的翻译除了句法有些拗口，还存在一些专业词汇的翻译问题。第 33 页的“Repoussior”被译成“定框”。虽然本人并没有找出对应“Repoussior”的中文翻译，但“定框”显然没有向读者解释清楚其原义：即在绘画或摄影作品中，通过放大或强调前景中的人或物，加强画面的进深感，这些人或物具有引导观者进入画面的功能。第 76 页的“Trompe i’oeil”被译成“幻觉主义”，更准确的翻译可能是“错视觉效果”。在第 128 页，译者虽未括号给出“弗朗哥——意大利画派”的原文，但是“弗朗哥”应为“franco”的音译，这里应该翻译成“法国－意大利画派”，意指 17 世纪那些对古典艺术有强烈兴趣的意大利化的法国画家（如：普桑、洛兰）。除此以外，译者仍有不少翻译错误，例如第 35 页，将丢勒的去世时间错写成 1825 年，第 61 页又将丢勒翻译成“杜勒”，并加上译者注释，令人费解。第 129、130 页出现将“尼德兰低地”翻译成“苏格兰低地”的错误。这里无法一一指出所有翻译的错误、疑义和疏漏等有碍读者阅读的地方。除了译者水平，可以想象出版时间和经费的压力对翻译质量的影响。无论如何，没有校对的出版物一定难以避免错误。

参考文献

中文：

1. 艾儒略（Giulio Aleni）：《天主降生言行纪略》，福建晋江，1635 年。
2. 艾儒略（Giulio Aleni）：《天主降生出像经解》，福建晋江，1637 年。
3. 斯维特拉娜·阿尔珀斯（Svetlana Alpers）（著），冯白帆（译）：《伦勃朗的企业——工作室与艺术市场》，南京：江苏美术出版社，2014 年。
4. 达尼埃尔·阿拉斯（Dainel Aras）（著），李军（译）：《拉斐尔的异象灵见》，北京：北京大学出版社，2014 年。
5. 达尼埃尔·阿拉斯（Dainel Aras）（著），何蒨（译），董强（审校）：《我们什么也没看见——一部别样的绘画描述集》，北京：北京大学出版社，2007 年。
6. 汉斯·贝尔廷（Hans Belting）（著），史竞舟（译）：《脸的历史》，北京：北京大学出版社，2017 年。
7. 瓦尔特·本雅明（Walter Benjamin）（著），李伟/郭东（译）：《机械复制时代的艺术作品——在文化工业时代哀悼"灵光"消逝》，重庆：重庆出版社 2016 年版。
8. 陈村富（主编）：《宗教与文化论丛》（一），长春：吉林人民出版社，1993 年。
9. 陈慧宏：《耶稣会传教士利玛窦时代的视觉物像及传播网络》，载于《新史学》，2010 年第 3 期。

10. 陈慧宏:《两幅耶稣会士的圣母圣像——兼论明末天主教的“宗教”》，载于《台湾大学历史学报》，第 59 期，2017 年 6 月。
11. 陈慧宏:《明末天主教圣母图像所见的圣母神化与观音信仰》，载于《国际比较文学》，2018 年第 1 期。
12. 褚潇白:《明清基督宗教画像流布状况综述》，载于《世界宗教研究》，2011 年第 2 期。
13. 柯毅霖（Gianni Criveller）（著），王志成、思竹、汪建达（译）:《晚明基督论》，成都：四川人民出版社，1999 年。
14. 董丽慧:《圣母形象在中国的形成、图像转译及其影响——以〈中国风圣母子〉为例》，载于《文艺研究》，2013 年第 10 期。
15. 范景中（主编）:《美术史的形状》第一卷，杭州：中国美术学院出版社，2003 年。
16. 范景中、曹意强（主编）:《美术史与观念史》VI，南京：南京师范大学出版社，2007 年。
17. 方豪:《方豪六十自定稿》，台北：台湾学生书局，1969 年。
18. 方豪:《中国天主教人物传》，3 卷，香港：公教真理学会，1970 年。
19. 费赖之（Louis Pfister）（著），冯承钧（译）:《在华耶稣会士列传及书目》，北京：中华书局，1995 年。
20. 乔治・刚斯（George E. Ganss, S.J.）（著），郑兆沅（译）:《神操新译本——刚斯注译》，台北：光启文化，2011 年。
21. 卢卡・朱利亚尼（Luca Giuliani）（撰），赵四（译）:《肉体还是石头——米开朗基罗的洛伦佐・美第奇墓雕》，载于:《荣宝斋》，11，2013。
22. 高一志（Alfonso Vagnone）:《圣母行实》，山西绛州，1631 年。
23. 贡布里希（Ernst H. Gombrich）（著），范景中（译），林夕（校）:《艺术的故事》，三联书店，1999 年。
24. 贡布里希（Ernst H. Gombrich）（著），王立秋（译）:《阴影——西方艺术中对投影的描绘》，重庆：重庆大学出版社，2016 年。
25. 彼得・克拉斯・哈特曼（Peter Claus Hartmann）（著），谷裕（译）:《耶稣会简史》，北京：宗教文化出版社，2006 年。

26. 黄时鉴:《艾儒略〈万国全图〉A、B 二本读后记》，载于复旦大学历史地理研究中心（编）:《跨越中心的文化，16-19 世纪中西文化的相遇与调试》，上海：东方出版社，2010 年。

27. 黄一农:《两头蛇：明末清初的第一代天主教徒》，新竹：清华大学出版社，2005 年。

28. 姜绍书:《无声诗史》卷七《西域画》，《四库全书存目丛书》子部 072 册。

29. 罗兰・雷希特（Albert William Recht）（著），马跃溪（译），李军（校）:《信仰与观看——哥特式大教堂艺术》，北京大学出版社，2017 年。

30. 利玛窦（Matteo Ricci）（诠著），朱鼎瀚（参定）:《西国记法》，江西南昌，1595 或 1596 年。

31. 利玛窦（Matteo Ricci）（著），P. Antonio Sergianni P.I.M.E.（编），芸娸（译）:《利玛窦中国书札》，北京：宗教文化出版社，2006 年

32. 林丽江:《徽州墨商程君房与方于鲁墨业的开展与竞争》，载于《法国汉学》丛书编辑委员会（编）:《徽州：书业与地域文化》，北京：中华书局，2010 年。

33. 林金水:《试论艾儒略传播基督教的策略与方法》，载于《世界宗教研究》，1995 年第 1 期。

34. 林金水（编）:《福建对外文化交流史》，福州：福建教育出版社，1997 年。

35. 林金水:《“西来孔子”与福州基督教的传播》，载于《闽都文化研究——“闽都文化研究”学术会议论文集（下）》，2003 年。

36. 刘国鹏:《天主教与国家整合——以南京国民政府执政初期天主教教育和教会教产问题为例》，载于《宗教学研究》，2011 年第 4 期。

37. 约安尼斯・凡・隆恩（Joannis Van Loon）:《伦勃朗传》，周国珍（译），上海：上海人民美术出版社，1997 年。

38. 约翰・麦奎利（John Macquarrie）（著），何光沪（译）:《基督教神学原理》，香港：汉语基督教文化研究所，1998 年。

39. 安德鲁斯・马尔科姆（Andrews Malcolm）（著），张翔（译）:《风景与西方艺术》（Landscape and Western Art），上海：上海人民出版社，2014。

40. 罗如望（João da Rocha）/费奇规（Gaspar Ferreira）：《诵念珠规程》，南京，约 1620 年。
41. 潘凤娟：《述而不译？艾儒略〈天主降生言行纪略〉的跨语言叙事初探》，载于《中国文哲研究集刊》，2009 年第 34 期。
42. 欧文·潘诺夫斯基（Erwin Panofsky）（著），戚印平、范景中（译）：《图像学研究：文艺复兴时期艺术的人文主题》，上海三联书店，2011 年。
43. 潘耀昌（编著）：《中国近现代美术教育史》，杭州：中国美术学院出版社，2002 年。
44. 裴化行（Henri Bernard），萧濬华（译）：《天主教十六世纪在华传教志》（*Aux portes de la Chine: Les missionnaires du XVIe siècle*），上海：商务印书馆，1936 年。
45. 曲艺：《适应与坚持：由〈诵念珠规程〉中的建筑物解析 17 世纪耶稣会传教策略》，载于《装饰》，2015 年第 10 期。
46. 曲艺：《明末基督教插图中的儒家元素：以天主降生出像经解为例》，载于《世界宗教研究》，2015 年第 2 期。
47. 任光宣：《俄罗斯艺术史》，北京大学出版，2000 年。
48. 荣振华（Joseph Dehergne S.J）（著），耿昇（译）：《在华耶稣会士列传及书目补编》，2 卷，北京中华书局，1995 年。
49. 上海古籍出版社（编）：《中国古代木刻版画丛刊二编》，上海：上海古籍出版社，1994 年。
50. 宋刚：《从经典到通俗〈天主降生言行纪略〉及其清代改编本的流变》，载于《天主教研究学报》（*Hong Kong Journal of Cathelic Studies*），2011 年第 2 期。
51. 孙尚扬：《基督教与明末儒学》，上海：东方出版社，1994 年版，第 79-80 页。
52. 茨维坦·托多罗夫（Tzvetan Todorov）（著），曹丹红（译）：《日常生活颂歌——论十七世纪荷兰绘画》，上海：华东师范大学出版社，2012 年。
53. 乔尔乔·瓦萨里（Giorgio Vasari）（著），徐波、刘耀春、张旭鹏、辛旭（译）：《意大利艺苑名人传》（下），武汉：长江文艺出版社，2003 年。

54. 王喜亮:《晚明首部天主教版画〈诵念珠规程〉考》,载于《哲学与文化》,第 48 卷第 7 期,2021 年 5 月。

55. 巫鸿(著),文丹(译),黄小峰(校):《重屏——中国绘画中的媒材与再现》,上海:上海人民出版社,2016 年。

56. 吴相湘(主编):《天主教东传文献》,《天主教东传文献续编》,《天主教东传文献向达:《明清之际中国美术所受西洋之影响》,载于《新美术》,1987 年第 4 期。

57. 肖清和:《诠释与歧变:耶稣形象在明清社会里的 传播及其反应》,《广东社会科学》2011 年第 4 期。

58. 谢辉:《明清之际西学汉籍重印初探:以艾儒略〈天主降生出像经解〉为例》,载于《南京师范大学文学院学报》,第 1 期,2021 年 3 月。

59. 徐凤林:《东正教圣像史》,北京:北京大学出版社,2012 年。

60. 徐宗泽(编):《明清间耶稣会士译著提要》,上海:中华书局,1949 年。

61. 杨光先:"辟邪论下",见陈占山(校注):《不得已(附二种)卷下》,合肥:黄山书社,2000 年。

62. 依纳爵(著),侯景文、谭璧辉(译):《圣依纳爵自述小传·心灵日记》,台北:光启文化,1991 年。

63. 张西平(编):《欧洲藏汉籍目录丛编》,广州:广东人民出版社,2020 年。

64. 钟鸣旦、杜鼎克、黄一农、祝平一(等编):《徐家汇藏书楼明清天主教文献》,台北:辅仁大学神学院,1996 年。

65. 钟鸣旦、杜鼎克(编):《耶稣会罗马档案馆明清天主教文献》,台北:利氏学社,2002 年。

66. 钟鸣旦(Nicolas Standaert),杜鼎克(Adrian Dudink)(编):《耶稣会罗马档案馆明清天主教文献》(Chinese Christian Texts from the Roman Archives of the Society of Jesus),12 卷,台北利氏学社,2003 年。

67. 钟鸣旦(Nicolas Standaert):《〈圣经〉在十七世纪的中国》,载于《世界汉学》,2005 年第 1 期。

外文：

1. Arcker, William Reynolds Beal.

Some T'ang and Pre-T'ang Texts on Chinese Paintings. 2. vols. Leiden: Brill（Sinica Leidensia, Bd. 8）, 1954.

2. Bailey, Gauvin Alexander.

Art on the Jesuit Missions in Asia and Latin America 1542–1773, Toronto: University of Toronto Press, 2001.

3. Bailey, Gauvin Alexander.

"The Image of Jesus in Chinese Art during the Time of the Jesuit Missions（16th - 18th Century）." In: Roman Malek（ed.）, *The Chinese Face of Jesus Christ.* Bd. 2. Monumenta Serica Monograph Series 50/2. Sankt Augustin - Nettetal: Steyler Verlag, 2003.

4. Bauer, Herbert & Hirschmann, Gerhard（Hrsg.）.

500 Jahre Hallenchor St. Lorenz zu Nürnberg, 1477-1977. Nürnberger Forschungen, Bd. 20. Nürnberg: Selbstverlag des Vereins für Geschichte der Stadt Nürnberg, 1977.

5. Beckmann, Johannes（Hrsg.）.

Die Heilige Schrift in den katholischen Missionen. Schöneck-Beckenried, Schweiz: Neue Zeitschrift für Missionswissenschaft, 1966.

6. Beer, Ellen Judith.

"Marginalien zum Thema Goldgrund.（Heinz Roosen-Runge zum Gedenken）." In: *Zeitschrift für Kunstgeschichte 46*, 1983. S. 271-286.

7. Bernard, Henri.

"Les adaptations chinoises d'ouvrages européens, bibliographie chronologique depuis la venue des Portugais à Canton jusqu'à la mission française de Pékin, 1514-1688." In: *Monumenta Serica,* Volume 10, Issue 1. 1945.

8. Biedermann, Hans.

Knaurs Lexikon der Symbole. Gerhard Riemann（ed.）. München: Droemer Knaur, 1989.

9. Blümle, Claudia & Wismer, Beat（ed.）: *Hinter dem Vorhang. Verhüllung und Enthüllung seit der Renaissance - von Tizian bis Christo,* München: Hirmer, 2016.

10. Bouwsma, William James.
John Calvin: A sixteenth-century portrait. New York: Oxford University Press, 1988.

11. Braun, Joseph S.J.
Der Christliche Altar in seiner geschichtlichen Entwicklung. 2 Bänd. München: C.v. Lama / Karl Widmann, 1923-1924.

12. Braunfels, Wolfgang; Piel, Friedrich; Traeger Jörg（ed.）.
Festschrift Wolfgang Braunfels, Tübingen: Verlag Ernst Wasmuth, 1977.

13. Bredekamp, Horst.
Theorie des Bildakts. Frankfurter Adorno-Vorlesungen 2007, Berlin: Surkamp Verlag, 2010.

14. Brockey, Liam Matthew.
Journey to the East, The Jesuit Mission to China, 1579-1724. Cambridge: The Belknap Press of Harvard University Press, 2007.

15. Broggio, Paolo.
"Gesuiti spagnoli a Roma durante il generalato di Francesco Borgia: cultura, politica, spiritualità." In: Enrique García Hernán & María del Pilar Ryan（ed.）, *Francisco de Borja y su tiempo. Política, religión y cultura en la Edad Moderna,* Valencia & Rome: Albatros Ediciones; Institutum Historicum Societatis Iesu, 2011.

16. Broude, Norma & Garrard, Mary D.（ed.）.
The Expanding Discourse: Feminism and Art History. New York: Icon Editions, 1992.

17. Bumke, Joachim.
Höfische Kultur: Literatur und Gesellschaft im hohen Mittelalter, 2. Bde. München: Deutscher Taschenbuch Verlag, 1986.

18. Cahill, James.

"Late Ming Landscape Albums and European Printed Books." In: Sandra Hindman（ed.）, *The Early Illustrated Book: Essays in Honour of Lessing J. Rosenwald.* Washington: Library of Congress, 1982.

19. Camille, Michael.

Die Kunst der Liebe im Mittelalter. Köln: Könemann, 2000.

20. Cantzler, Christina.

Bildteppiche der Spätgotik am Mittelrhein 1400-1550. Tübingen: Ernst Wasmuth Verlag, 1990.

21. Carman, Charles H.

Leon Battista Alberti and Nicholas Cusanus: Towards an Epistemology of Vision for Italian Renaissance Art and Culture, Farnham: Ashgate, 2014.

22. Cassirer, Ernst.

Individuum und Kosmos in der Philosophie der Renaissance. Hamburg: Felix Meiner Verlag, 2013.

23. Chan, Albert.

Chinese Books and Documents in the Jesuit Archives in Rome: A Descriptive Catalogue: Japonica Sinica I-IV. Armonk, N. Y. - London: M.E. Sharpe, 2002.

24. Chen Huihung. 陈慧宏

"The Human Body as a Universe: Understanding Heaven by Visualization and Sensibility in Jesuit Cartography in China", In: *The Catholic Historical Review,* Vol. 93, No. 3, Jul. 2007.

25. Chen, Hui-Hung 陈慧宏.

"A European Distinction of Chinese Characteristics: the Style Question in Seventeenth-Century Jesuit China Missions." In: *Taiwan Journal of East Asian Studies*. 5:1. 2008.

26. Chen Huihun. 陈慧宏

"A Chinese Treatise Attributed to Xu Guangqi（1615）: How the Jesuits in China Defined 'Sacred Images'." In Shu-jyuan Deiwiks, Bernhard Führer（ed.）

and Therese Geulen（review）, *Europe Meets China, China Meets Europe: The Beginnings of European-Chinese Scientific Exchange in the 17th Century*, Sankt Augustin-Nettetal: Institut Monumenta Serica, Steyler Verlag, 2014.

27. Clarke, Jeremy.
The Virgin Mary and Cathlic Identities in Chinese History. Hongkong: Hongkong University Press, 2014.

28. Criveller, Gianni.
"Chinese Perception of European Perspective: A Jesuit Case in the Seventeenth Century." In: *The Seventeenth Century*, 24.1. 1996.

29. Criveller, Gianni.
Preaching Christ in Late Ming China. The Jesuits'presentation of Christ from Matteo Ricci to Giulio Aleni. Ricci Institute Variétés Sinologiques-New Series 86, Fondazione Civiltá Bresciana-Annali, 1997.

30. Criveller, Gianni.
"The dialogues of Giulio Aeni on Christ and China: The mystery of the plan of salvation and China." pp. 163-181. In: Ku Wei-ying（ed.）, *Missionary approaches and linguistics in mailand China and Taiwan.* Louvain: Louvain Chinese Studies, 2001.

31. Clunas,Craig.
Art in China, Oxford: Oxford University Press, 1997

32. Cohen, Monique & Monnet, Nathalie.
Impression de Chine. Paris: Bibliothèque Nationale, 1992.

33. Cordier, Henri.
L'imprimerie sino-européenne en Chine. Paris: Leroux, 1901, no. 245; Louis Pfister, *Notices biographiques et bibliographiques sur les jésuites de l'ancienne mission de Chine（1552-1773）*. Shanghai: Imprimerie de la Mission Catholique, 1932.

34. Cross, F. L. & Livingstone E. A.（ed）.
The Oxford Dictionary of Christian Church, East Kilbride, Scotland: Oxford University Press, 1988.

35. Dackerman, Susan（Hrsg.）.
Chaste, Chasted & Chastened. Old Testament Women in Northern Prints. Cambridge: Harvard University Art Museum, 1993.

36. D'Elia, Pasquale M. S.J..
Le triple démisme de Suen Wen. Shanghai: Editioins Tou-Sè-Wè, 1929.

37. D'Elia, Pasquale M..
Le Origini Dell' Arte Cristiana Cinese（1583-1640）. Roma: Accademia d'Italia, 1939.

38. D'Elia, Pasquale M. S.J..
Fonti Ricciane: documenti originali concernenti Matteo Ricci e la storia delle prime relazioni tra l'Europa e la Cina（1579-1615）, 3 volumes（Roma, Libreria dello Stato, 1942-1949）.

39. Dematté, Paola.
"Christ and Confucius: Accommodating Christian and Chinese Beliefs," in China on Paper. European and Chinese Works from the Late Sixteenth and Early Nineteenth Century, edited by Paola Dematté and Marcia Reed, Los Angeles: Getty Research Institute, 2007.

40. Dudink, Adrianus Cornelis.
"The Zikawei Collection in the Jesuit Theologate Library at Fu Jen University（Taiwan）: Background and draft catalogue." In: David E. Mungello（ed.）, *Sino-Western cultural relations journal.* Vol. 18. 1996.

41. Dudink, Adrianus Cornelis.
"The Image of Xu Guangqi as Author of Christian Texts（A Bibliographical Appraisal）." In: Catharine Jami, Peter Engelfriet, and Gregory Blue（ed.）. *Statecraft and Intellectual Renewal in Late Ming China. The Cross-Cultural Synthesis of Xu Guangqi（1562-1633）*. Sinica Leidensia. Vol. L. Leiden 2001.

42. Dudink, Adrianus Cornelis.
"The Japonica-Sinica Collections I-IV in the Roman Archives of the Society of Jesus an Overview," In: *Monumenta Serica* 50（2002）: pp. 481-536.

43. Eberlein, Johann Konrad.

"The Curtain in Raphael's Sistine Madonna.", In: *The Art Bulletin*, Vol. 65, No. 1. Mar., 1983.

44. Eichhorn, Ernst.

Der Deocarusaltar in der St. Lorenz-Kirche in Nürnberg. In: Verein zur Wiederherstellung der St. Lorenzkirche in Nürnberg e. V, N.F. 10. Nürnberg, 1969.

45. Einsenwerth, Schmoll gen. J.A.（Hrsg.）.

Das Unvollendete als künstlerische Form, Bern und München: Francke Verlag, 1959.

46. Ferguson, George.

Signs and Symbols in Christian Art, New York: Oxford University Press, 1954.

47. Freedman, David Noel（ed.）.

The Anchor Bible Dictionary, Vol. 1-5. New York: Doubleday, 1992.

48. Gernet, Jacques.

China and the Christian impact. A Conflict of Cultures. Cambridge: Cambridge University Press, 1986.

49. Gombrich, Ernst.

"The Renaissance Theory of Art and the Rise of Landscape." In: *Norm and Form: Studies in the Art of Renaissance.* London: Phaidon, 1966. pp. 107-121.

50. Göbel, Heinrich.

Wandteppiche.（III. Teil, Band 1）: Die Germanischen und Slawischen Länder: Deutschland einschliesslich Schweiz und Elsass（Mittelalter）, Süddeutschland（16. bis 18. Jahrhundert）. Leipzig: Klinkhardt & Biermann, 1933.

51. Goepper, Roger; Kuhn, Dieter; Wieser, Ulrich（Hrsg.）.

Zur Kunstgeschichte Asiens. 50 Jahre Lehre und Forschung an der Universität Köln. Wiesbaden: Franz Steiner, 1977.

52. Gutmann, Joseph.

"The Jewish Origin of the Ashburnham Pentateuch Miniature", In: *Jewish Quarterly Review* N. S. XLIV. 1953-1954. pp. 62-69.

53. Hadl, Richard.

Rezension zu D'Elia *Le Origini Dell' Arte Cristiana Cinese（1583-1640）*. Roma: Accademia d'Italia, 1939. In: *Artribus Asiae* 9（1946）, pp. 417-436.

54. Hansen, Wilhelm（Bearb.）.

Kalenderminiaturen der Stundenbücher: Mittelalterliches Leben im Jahreslauf. München: Callwey Verlag, 1984.

55. Harthan, John.

Stundenbücher und ihre Eigentümer. Freiburg: Herder Verlag, 1982.

56. Hartmann, Peter Claus.

Die Jesuiten, München: C.H. Beck Verlag, 1996.

57. Haussherr, Reiner.

Convenevolezza. Historische Angemessenheit in der Darstellung von Kostüm und Schauplatz seit der Spätantike bis ins 16. Jahrhundert. Akademie der Wissenschaften und der Literatur, Abhandlungen der geistes- und sozialwissenschaftlichen Klasse; Nr. 4. Wiesbaden: Steiner. 1984.

58. Hay, Jonathan.

Sensuous Surfaces: The Decorative Object in Early Modern China. Honolulu: University of Hawai'i Press. 2010.

59. Heinz- Mohr Gerd Edwin（Hrsg.）.

Lexikon der Symbole. Bilder und Zeichen der christlichen Kunst. Köln: Diederichs, 1981.

60. Hindman, Sandra（ed.）.

The Early Illustrated Book: Essays in Honour of Lessing J. Rosenwald. Washington: Library of Congress, 1982.

61. Huonder, Anton.

Der einheimische Klerus in den Heidenländern. Freiburg im Breisgau.: Herder, 1909.

62. Jahn, Johannes（Begr.）; Haubenreißer, Wolfgang（fortgef.）.

Wörterbuch der Kunst. Zwölfte, durchgesehene und erweiterte Auflage, Stuttgart: Alfred Kröner Verlag, 1995.

63. Jennes, Joseph.
A propos de la liturgie chinoise: le bref Romanae Sedis Antistes de Paul V （1615）. In: *Neue Zeitschrift für Missionswissenschaft* 2. Luzern 1946.

64. Jenkins, Philip.
The lost history of Christianity: the thousand-year golden age of the church in the Middle East, Africa, and Asia - and how it died. New York: Harper Collins. 2008.

65. Kemp, Wolfgang.
Rembrandt, Die Heilige Familie, oder, die Kunst, einen Vorhang zu lüften, Frankfurt am Main: Fischer Verlag, 1986.

66. Kéry, Bertalan.
Kaiser Sigismund. Ikonographie. Wien und München: Verlag Anton Schroll, 1972.

67. Kirschbaum, Engelbert/Braunfels, Wolfgang.
Lexikon der christlichen Ikonographie. Erster Band. Allgemeine Ikonographie, Rome: Herder, 1968.

68. Klauser, Theodor.
"Der Vorhang vor dem Thron Gottes", In: *Jahrbuch für Antike und Christentum,* III, 1960.

69. Kren, Thomas & Evans, Mark（ed.）.
A masterpiece reconstructed the hours of Louis XII., Los Angeles: Getty Museum, 2005.

70. Kren, Thoma & McKendrick, Scot
Illuminating the Renaissance. The triumph of Flemish manuscript painting in Europe. Los Angeles: Getty Museum, 2003.

71. Kunoth-Leifels, Elisabeth.
Über die Darstellungen der "Bathseba im Bade": Studien zur Geschichte des Bildthemas; 4. bis 17. Jahrhundert. Essen, 1962.

72. Kurth, Betty.
Die deutschen Bildteppiche des Mittelalters, 3 Bände. Wien: Anton Schrott, 1926.

73. Kühnel, Harry（Hrsg.）.

Bildwörterbuch der Kleidung und Rüstung. Vom Alten Orient bis zum ausgehenden Mittelalter. Stuttgart: Kröner, 1992.

74. Lane, Barbara. G..

'"Ecce Panis Angelorum": The Manger as Altar in Hugos Berlin Nativity', In: *Art Bulletin,* LVII, 1975. pp. 476-486.

75. Laufer, Berthold.

"The Chinese Madonna in the Field Museum." In: *The Open Court*, Vol. 26, No. 1. 1912.

76. Laufer, Berthold.

Christian Art in China. Extract from: "Mitteilungen des Seminars für Orientalische Sprachen zu Berlin, Yahrgang XIII, Erste Abteilung, Ostasiatische Studien. 1910." Reprinted in Peiking: Licoph Service, 1939.

77. Ledderos, Lothar.

"Chinese Influence on European Art, Sixteenth to Eighteenth Centuries." pp. 221-249. In Thomas H. C. Lee（ed.）, *China and Europe. Images and Influences in Sixteenth to Eighteenth Centuries.* Hong Kong: The Chinese University of Hong Kong, 1991.

78. Ledderose, Lothar

Ten Thousand Things: Module and Mass Production in Chinese Art. Princeton: Princeton University Press. 2000.

79. Lin Li-Chiang. 林丽江

The Proliferation of Images: The Ink-Stick Designs and the Printing of the Fang-Shih Mo-P'u and the Ch'eng-Shih Mo-Yüan, Diss. of Princeton University, 1998.

80. Lin Xiaoping.

"Seeing the Place: The Virgin Mary in a Chinese Lady's Inner Chamber." pp. 183-210. In: Hilmar M. Pabel/Kathleen M. Comerford（ed.）, *Early Modern Catholicism: Essays in Honour of John W. O'Malley, S.J.*, Toronto: University of Toronto Press, 2001.

81. Lopes, Rui Oliveira.

"Jesuit Visual Culture and the Song nianzhu guicheng. The Annunciation as a Spiritual Meditation on the Redemptive Incarnation of Christ." In: *Art in Translation* 12:1（2020）.

82. Loyola, Ignatius de.

Exercitia spiritualia et eorum directoria. Rome: Antonio Blado, 1548.

83. Machado, Diogo Barbosa.

Biblioteca Lusitana histórica, critica e cronológica. 2. Aufl., Lisbona 1930-35, 4. Bd.

84. Macquarrie, John.

Principles of Christian Theology. New York: Charles Scribner's Sons, 1977.

85. Madsen, Karl.

Billeder af Rembrandt og Hans Elever i den Kgl. Maleri-Samling, Kobenhavn-Kristiania, Gyldendalske Boghandel-Nordisk Forlag, 1911.

86. Malek, Roman, SVD.（ed.）.

The Chinese Face of Jesus Christ. Institut Monumenta Serica and China-Zentrum. Vier Bände. Sankt Augustin - Nettetal. Steyler Verlag, 2002.

87. Malek, Roman, SVD.

"The Legacy of Pasquale d'Elia S.J.（1890-1963）: Mission Historian and Sinologist." pp. 18-61. In: *Sino-Western Cultural Relations Journal,* 32. 2010.

88. Mayor, Hyatt A.

"Rembrandt and the Bible." In: *The Metropolitan Museum of Art Bulletin,* New Series Vol. 36, No. 3（Winter, 1978-1979）: pp. 2-48.

89. McCall, John E..

"Early Jesuit Art in the Far East IV: In China and Macao before 1635." pp. 45-69. In: *Atribus Asiae.* vol. 11, No. 1/2, 1948.

90. McLaren, Anne E..

Chinese Popular Culture and Ming Chantefables. Sinica Leidensia, vol. 41. Leiden: Brill, 1998

91. Meissner, William W..

Ignatius von Loyola. Psychogramm eines Heiligen, Freiburg im Breisgau: Verlag Herder, 1997.

92. Meller, Harald（Hrsg.）.

Fundsache Luther. Archäologen auf den Spuren des Reformators. Stuttgart: Theiss; Halle: Landesamt für Denkmalpflege und Archäologie Sachsen-Anhalt, Landesmuseum für Vorgeschichte, 2008.

93. Menegon, Eugenio.

Un solo cielo. Giulio Aleni S.J.（1582-1649）. Geographia, arte, scienza, religione dall'Europa alla Cina. Brescia: Grafo edizioni, 1994.

94. Mungello, David E..

The Great Encounter of China and the West, 1500-1800. Lanham [u.a.]: Rowman & Littlefield Rublic, 1999.

95. Murray, Julia K..

"Ts'ao Hsün and Two Southern Sung History Scrolls." pp. 1-29. *Ars Orientalis,* Vol. 15, 1985.

96. Murray, Julia K..

"The Temple of Confucius and Pictorial Biographies of the Sage." pp. 269-300. In: *The Journal of Asian Studies.* Vol. 55. No. 2. 1996.

97. Murray, Julia K..

"Illustrations of the Life of Confucius: Their Evolution, Functions, and Significance in Late Ming China." pp. 73–134. In: *Artibus Asiae,* 57 no. 1-2. 1997.

98. Murray, Julia K..

"The evolution of pictorial hagiography in Chinese art: common themes and forms." pp. 81-97. In: *Arts Asiatiques,* 55. 2000.

99. Murray, Julia K..

"The Childhood of Gods and Sages." In: Wicks, Ann Barrott（ed.）. *Children in Chinese Art.* Honolulu: University of Hawai'i Press, 2002.

100. Murray, Julia K..

Mirror of morality. Chinese narrative illustration and Confucian ideology. Honolulu: University of Hawai'i Press, 2007.

101. Nadal, Gerónimo SJ.

dnotationes et Meditationes in Evangelia: Quae insacrosancto missae sacrificio toto anno leguntur, cum evangeliorum concordantia, historiae integritati sufficienti. Antwerp: Martinus Nutius, 1594; second edition 1595.

102. Nadal, Gerónimo, SJ.

Evangelicae historiae imagines : ex ordine euangeliorum, quae toto anno in missae sacrificio recitantur, in ordinem temporis vitae Christi digestae, Antwerp: Christophe Plantin and Martinus Nutius, 1593.

103. Neumann, Carl.

Aus der Werkstatt Rembrandts, Heidelberg: C. Winter Verlag, 1918.

104. Pan, Feng-chuan.

"The turn to relation - the dialogue on the ethical issues between the Jesuits and the late Ming literati." In: Peter Ackerman; Dirk van Overmeire（ed.）, *About books, maps, songs and steles: the wording and teaching of the Christian faith in China.* Leuven: Ferdinand Verbiest Institute, 2011.

105. Panofsky, Erwin.

Early Netherlandish Painting: Its Origins and Character, 2 vols., Cambridge, Mass.: Harvard University Press, 1953.

106. Panofsky, Erwin.

Perspective as Symbolic Form, trans. Christopher S. Wood, New York: Zone Books, 1996.

107. Paravicini, Werner.

Die Ritterlich- Höfische Kultur des Mittelalters. München: Oldenbourg, 1994.

108. Pauly, Michel & Reinert, François（Hrsg.）.

Sigismund von Luxemburg, ein Kaiser in Europa. Tagungsband des internationalen historischen und kunsthistorischen Kongresses in Luxemburg, 8. - 10. Juni 2005. Mainz am Rhein: Ph. Von Zabern, 2006.

109. Pelliot, Paul.

"La peinture et la gravure européennes en Chine au temps de Mathieu Ricci." pp. 1-18. In: *T'oung Pao* 20, No.1, Jan., 1920 - Jan. 1921.

110. Pelliot, Paul.

Inventaire sommaire des manuscrits et imprimés chinois de la Bibliothèque Vaticane. A posthumous work, révisé et édité par Takata Tokio. Cheng & Tsui, 1995.

111. Pfister, Louis.

Notices biographiques et bibliographiques sur les jésuites de l'ancienne mission de Chine, 1552-1773. 2. Bde. Shanghai 1932-1934.

112. Prächt, Otto.

"Early Italian Nature Studies and the Early Calendar Landscape." In: *Journal of the Warburg and Courtauld Institutes*.13, 1950,

113. Qu, Yi. 曲艺

"Die Anweisung zur Rezitation des Rosenkranzes 诵念珠规程. Ein illustriertes christliches Buch aus China vom Anfang des 17. Jahrhundert." pp. 195-290. In: *Monumenta Serica Journal of Oriental Studies*.（《华裔学志》）Volume. LX. 2012.

114. Qu, Yi. 曲艺

"Konfuzianische Convenevolezza in den chinesischen Illustrationen des Lebens Jesu Christi." pp. 1001-1029. In: *Asiatische Studien / Etudes Asiatiques*.（《亚洲研究》）Bd. 66, 4. 2012.

115. Read, Herbert.

A Concise History of Modern Sculpture. Oxford: Oxford University Press, 1964.

116. Reed, Marcia & Dematté, Paola（ed.）.

China on Paper. European and Chinese Works from the Late Sixteenth to the Early Nineteenth Century. Los Angeles: Getty Research Institute, 2007.

117. Ricci, Bartholomeo.

Vita D. N. Iesu Christi. Exucrbis Euangeliorum in ipfifmet concinnata. 1607 Rom.

118. Riegl, Alios.
Das holländische Gruppenporträt. Jahrbuch der kunsthistorischen Sammlung des Allerhöchsten Kaiserhauses, No. 23. Wien: Tempsky, 1902.

119. Rodenwaldt, Gerhart.
"Cortinae. Ein Beitrag zur Datierung der antiken Vorlage der mittelalterlichen Terenzillustrationen", In: *Nachrichten der Gesellschaft der Wissenschaften zu Göttingen, Philologisch-historische Klasse*, 1925. pp. 33-49.

120. Saenger, Paul Henry.
Space between Words: The origins of Silent reading. Stanford California: Stanford University Press, 1997.

121. Schüller, Sepp.
Die Geschichte der Christlichen Kunst in China. Berlin: Klinkhardt und Biermann Verlag, 1940.

122. Schlemmer, Karl.
Gottesdienst und Frömmigkeit in der Reichsstadt Nürnberg am Vorabend der Reformation. Würzburg: Echter Verlag, 1980.

123. Schmitz, Hermann.
Bildteppiche. Geschichte der Gobelinwirkerei. Berlin: Verlag für Kunstwissenschaft, 1922.

124. Schreier, Christoph（Hrsg.）.
Gerhard Richter - Über Malen/frühe Bilder. Kat. Kunstmuseum Bonn, S.M.A.K. Gent, 2017.

125. Shin, Junhyoung Michael.
"The reception of Evangelicae Historiae Imagines in Late Ming China: Visualizing Holy Topography in Jesuit Spirituality and Pure Land Buddhism." pp. 303-333. In: *Sixteenth Century Journal*. XL/2. 2009.

126. Shin, Junhyoung Michael.
"The supernatural in the Jesuit adaptation to Confucianism: Giulio Aleni's Tianzhu jiangsheng chuxiang jingjie. 天主降生出像经解（Fuzhou, 1637）." pp 329-361. In: *History of Religions*, Vol. 50, No. 4. Jesuit Missionaries in China and Tibet. May 2011.

127. Shin, Junhyoung Michael.

"The Jesuits and the Portrait of God in Late Ming China." pp. 194-221. In: *Harvard Theological Review.* Vol. 107. Issue 02. Harvard, 2014.

128. Staatliche Kunthalle Karlsruhe（Hrsg.）.

Unter vier Augen. Sprachen des Porträts. Bielefeld: Kerber Verlag, 2013.

129. Stafski, Heinz.

Der Zwölfboten-Deocarusaltar in der St. Lorenzkirche zu Nürnberg. In: Anzeiger des Germanischen Nationalmuseums, 1992.

130. Standaert, Nicolas, SJ.

"The Bible in Early Seventeenth-Century China." pp. 31-54. In: Irene Eber（ed.）, *Bible in modern China. The literary and intellectual impact.* Monumenta serica monograph series, 43. Insitut Monumenta Serica, Sankt Augustin - Nettetal: Steyler Verlag, 1999.

131. Standaert, Nicolas, SJ.（ed.）.

Handbook of Christianity in China: Volume One (635-1800), Leiden, Boston: Brill, 2001.

132. Standaert, Nicolas.

An Illustrated Life of Christ Presented to the Chinese Emperor. The History of Jincheng shuxiang（1640）. Monumenta Serica Monograph Series; Bd. LIX. Sankt Augustin, Nettetal: Steyler Verlag, 2007.

133. Strieder, Peter.

Tafelmalerei in Nürnberg 1350-1550. Königstein im Taunus: Langwiesche, 1993.

134. Stuhlfauth, Georg.

Die Bildnisse D. Martin Luthers im Tode（=Kunstgeschichtliche Forschungen zur Reformationsgeschichte, Bd. 1）, Weimar 1927.

135. Song, Gang. 宋刚

"Between Bodhisattva and Christian Deity: Guanyin and the Virgin Mary in Late Ming China." In: Deepak Shimkhada and Phyllis K. Herman（ed.）, *The Constant and Changing Faces of the Goddess: Goddess Tradition of Asia.* Newcastle: Cambridge Scholars Pub., 2008.

136. Sullivan, Michael.

"Some Possible Sources of European Influence on Late Ming and Early Ch'ing Painting." In: *Proceedings of the International Symposium on Chinese Painting.* Published by National Palace Museum, Taipei: National Palace Museum, 1972.

137. Sullivan, Michae.

The Meeting of Eastern and Western Art. From the Sixteenth Century to the Present Day. London: Thames and Hudson, 1973.

138. Sun, Yuming,

"Cultural Translatability and the Presentation of Christ as Portrayed in Visual Images from Ricci to Aleni." pp. 461-498. In: Roman Malek（ed.）, *The Chinese Face of Jesus Christ,* Monumenta Serica Monograph Series L/2. vol. 2. Sankt Augustin – Nettetal: Steyler Verlag, 2003.

139. Takata, Tokio（ed.）.

Inventaire sommaire des manuscrits et imprimés chinois de la Bibliothèque vaticane: A posthumous work by Paul Pelliot. Kyoto: Istituto Italiano di Cultura Scuola di Studi sull'Asia Orientale, 1995.

140. Unterkircher, Franz.

Das Gebetbuch Jakobs IV. von Schottland und seiner Gemahlin Margaret Tudor, Kommentarband. Graz, Austria: Akademische Druck- u. Verlagsanstalt, 1987.

141. Von Collani, Claudia.

"Did Jesus Christ Really Come to China? " In: *Sino-Westen Cultural Relations Journal*, 20, 1998.

142. Von Collani,Claudia.

"Jesus of the Figurists." pp. 553-582.In: Roman Malek（ed.）, *The Chinese Face of Jesus Christ.* Vol. 2 Monumenta Serica Monograph Series. L/2. Sankt Augustin - Nettetal: Steyler Verlag, 2003.

143. Von Collani, Claudia.

"The first Encounter of the West with the Yijing. Introduction to an Edition of Letters and Latin Translations by French Jesuits from the 18th Century." pp.

227-387. In: Monumenta Serica Journal of Oriental Studies. LV. Sankt Augustin - Nettetal: Steyler Verlag. 2008.

144. Üçerler, M Antoni J（ed.）.
Christianity and Cultures: Japan and China in Comparison 1543-1644, Roma: Institutum Historicum Societatis Iesu, 2009.

145. Wang, Xiaochao.
Christianity and Imperial Culture. Chinese Christian Apologetics in the Seventeenth Century and their Latin Patristic Equivalent.（Studies in Christian Mission）, Band: 20. Leiden: Brill. 1998.

146. 王雯璐（Wang Wenlu）.
"Kanyaku Kyori Mondou Tenshu Seikyo Keimou no Kenkyu—Minmatsu Tenshukyo Hukyo Jittai no Yichiyousou 漢訳教理問答[天主聖教啓蒙]の研究——明末天主教布教実態の一様相（A Study on the Tianzhu Shengjiao Qimeng [Instruction for the Young on the Holy Religion of the Lord of Heaven, ca. 1619]: Illuminating One Aspect of the Catholic Mission in Ming China）." Chugoku-Shakai to Bunka 中国-社会と文化, No.33, 2018.

147. Wieck, Roger S.
The book of hours in medieval art and life. London: Sotheby′s Publications, 1988.

148. Wu, Hung.
The Double Screen: Medium and Representation in Chinese Painting. Chicago: University of Chicago Press. 1996.

149. Yü, Chün-fang.
"Guanyin: The Chinese Transformation of Avalokiteshvara." In: Marsha Weidner（ed.）, *Latter Days of the Law: Images of Chinese Buddhism 850–1850,* Lawrence, KS: Spencer Museum of Art, University of Kansas, Honolulu, Hawaii: University of Hawaii Press, 1994.

150. Yu, Dong.
Catalogo delle opere cinesi missionarie della Biblioteca Apostolica Vatiana（XVI-XVIII sec.）. Città del Vaticano: Biblioteca Apostolica Vaticana, 1996.

151. Zürcher, Erik.
"The Jesuit Mission in Fujian in Late Ming time: Levels of Response." In: Eduard Boudewijn Vermeer（ed.）, *Development and Decline of Fukien Province in the 17th and 18th centuries*. Leiden: Brill, 1990.

152. Zürcher, Erik.
"Confucian and Christian Religiosity in Late Ming China." In: *The Catholic Historical Review*. Vol. 83, No. 4, Oct. 1997.

153. 青木茂、小林宏光
《「中国の洋风画」展：明末から清时代の絵画、版画、插絵本》，东京：町田市立国际版画美术馆，1995 年。

致　谢

这本小文集汇集了笔者在德国攻读西方艺术史和东亚艺术史期间的学期论文，节选了硕士和博士论文的部分章节，以及笔者回国工作后陆续在“澎湃新闻·上海书评”栏目和网络媒体 IQuest 上发表的关于西方艺术史及相关译著的书评文章。

感谢我的导师雷德侯（Lothar Ledderose）教授，是他坚定了我选择明清基督教版画研究这个在艺术史研究领域中比较小众的方向，并给予我极富启发的指导和一直以来的支持和肯定；感谢德国海德堡大学西方艺术史系诸多教授对我这位中国学生的谆谆教诲，开启了我对西方基督教艺术史的浓厚兴趣。海德堡大学的教授们无不都勤奋治学、从严执教，并对学问永葆好奇，是他们指引我继续实践海大的校训——“服膺真理、正义及人文精神”（dem lebendigen Geist der Wahrheit, Gerechtigkeit und Humanität zu dienen）。

海城十年的艺术史学习宛如清泉沁人心扉，不知不觉中艺术史已从遥不可及的梦想成为我毕生致力的呼召。感谢一直鼓励我书写的师友们，是他们让我看到文字与信仰的力量。感谢我的朋友，北京师范大学文学院张欣教授的鼓励和支持，是她帮助我为这本小集子找到了合适的归宿。

曲艺

2021 年秋

彩　图

彩图 1

巴黎圣母院北面玫瑰花窗

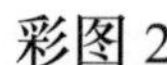

彩图 2

老鲁卡斯·克拉那赫（Lukas Cranach，1472-1553 年），“化名为荣客·约克的路德”，1521/1522 年。

彩图 3

老鲁卡斯·克拉那赫（Lukas Cranach，1472-1553 年），“马丁·路德和凯瑟琳·冯波娜”，1525 年。

彩图 4

老鲁卡斯·克拉那赫（Lukas Cranach，1472-1553 年），“马丁·路德像”，1529 年。

彩图 5

老鲁卡斯·克拉那赫（Lukas Cranach，1472-1553 年），“马丁·路德像”，1546 年。

彩图 6

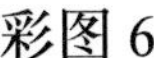

老鲁卡斯·克拉那赫（Lukas Cranach，1472-1553 年），“路德遗像”，约 1546 年，汉诺威下萨克森州立博物馆。

彩图 7

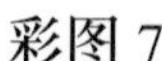

老鲁卡斯·克拉那赫（Lukas Cranach，1472-1553 年），“路德遗像”，约 1546 年，莱比锡大学收藏。

彩图 8

老鲁卡斯·克拉那赫（Lukas Cranach，1472-1553 年），“路德遗像”，约 1600 年，柏林的德国历史博物馆。

彩图 9

老鲁卡斯·克拉那赫（Lukas Cranach，1472-1553 年），“路德遗像”，约 1600 年，卡尔斯鲁厄国家艺术画廊。

彩图 10

“大卫忏悔”，《时祷书》中《忏悔诗篇》的插图，西蒙·马儿尼翁（Simon Marnion）及其画坊作，约 1460 年。

彩图 11

“大卫寄信给乌利亚”，弗朗索瓦·德·旺多姆《时祷书》的《忏悔诗篇》插图，约 1475-1480 年。

彩图 12

“大卫和拿单”，法国鲁昂《时祷书》《忏悔诗篇》插图，1495-1503 年。

彩图 13

路德维希九世（1214-1270 年）的《诗篇》插图，约 1260 年。

彩图 14

“大卫看拔示巴沐浴”，让·科伦布（Jean Colombe）作法兰西博热的安妮（Anne de Beaujeu，1460/1461-1522 年）《时祷书》《忏悔诗篇》的插图，约 1473 年。

彩图 15

“大卫看拔示巴沐浴”，《时祷书》《忏悔诗篇》的插图，巴黎画工，约 1500 年。

彩图 16“戴维看拔示巴沐浴”

奥尔良的路德维西《时祷书》《忏悔诗篇》的插图，约 1490-1495 年。

鲁昂《时祷书》《忏悔诗篇》的插图，约 1495-1503 年。

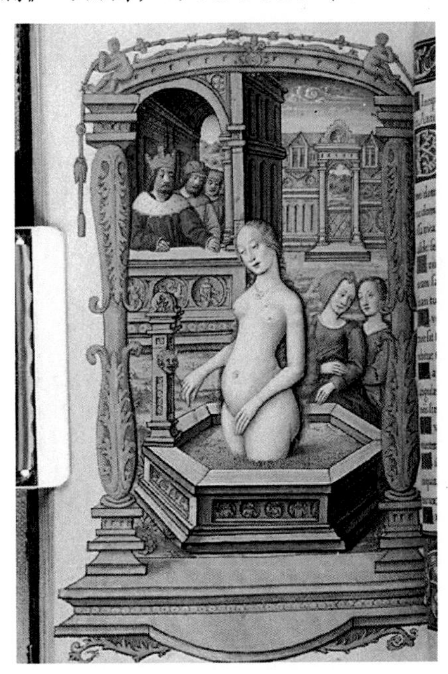

可能是图尔《时祷书》《忏悔诗篇》的插图，约 1500 年。

巴黎《时祷书》《忏悔诗篇》的插图，约 1510-1520 年。

彩图 17

“大卫看拔示巴沐浴”，让·布尔迪松(Jean Bourdichon),《路德维西十二士《时祷书》《忏悔诗篇》插图，1498/1499 年。

“大卫看拔示巴沐浴”，《时祷书》《忏悔诗篇》插图，约 1510-1515 年。

彩图 18

“大卫的故事”，苏格兰的詹姆斯四世（James IV of Scotland）和他妻子图多的玛格丽特·都铎（Margaret Tudor）《时祷书》《忏悔诗篇》的插图，根特，1503-1513 年。

彩图 19

“夏娃被蛇诱惑”，“大卫看拔示巴沐浴”，路易一世（奥尔良公爵）(Louis v on Orleans)《时祷书》中的两幅插图，约 1490-1495 年。

彩图 20

“伊甸园中的上帝、亚当和夏娃”，“大卫看拔示巴沐浴”，法兰西博热的安妮（Anne de Beaujeu，1460/1461-1522 年）《时祷书》，约 1473 年。

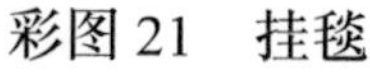

彩图21　挂毯

“大卫和拔示巴系列故事之四：拔示巴沐浴和拔示巴到达大卫的宫殿”，4.6米高，7.2米长，1510-1515年，奥地利的玛格丽特（Margaret of Austria，1480-1530年）委托，彼得·凡·阿尔斯特（约1495-约1560年）画室根据扬·凡·罗姆（Jan van Roome，1498-1521年）的设计制作。

彩图22

伦勃朗，“带挂帘的圣家庭”，1646年，橡木板上油画，46.8厘米高，68.4厘米宽，德国黑森州卡塞尔市博物馆群古代大师画廊。

彩图 23

伦勃朗，“圣家庭和小天使”，1645 年，俄罗斯圣彼得堡国立埃尔米塔什博物馆。

彩图 24

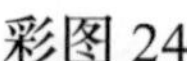

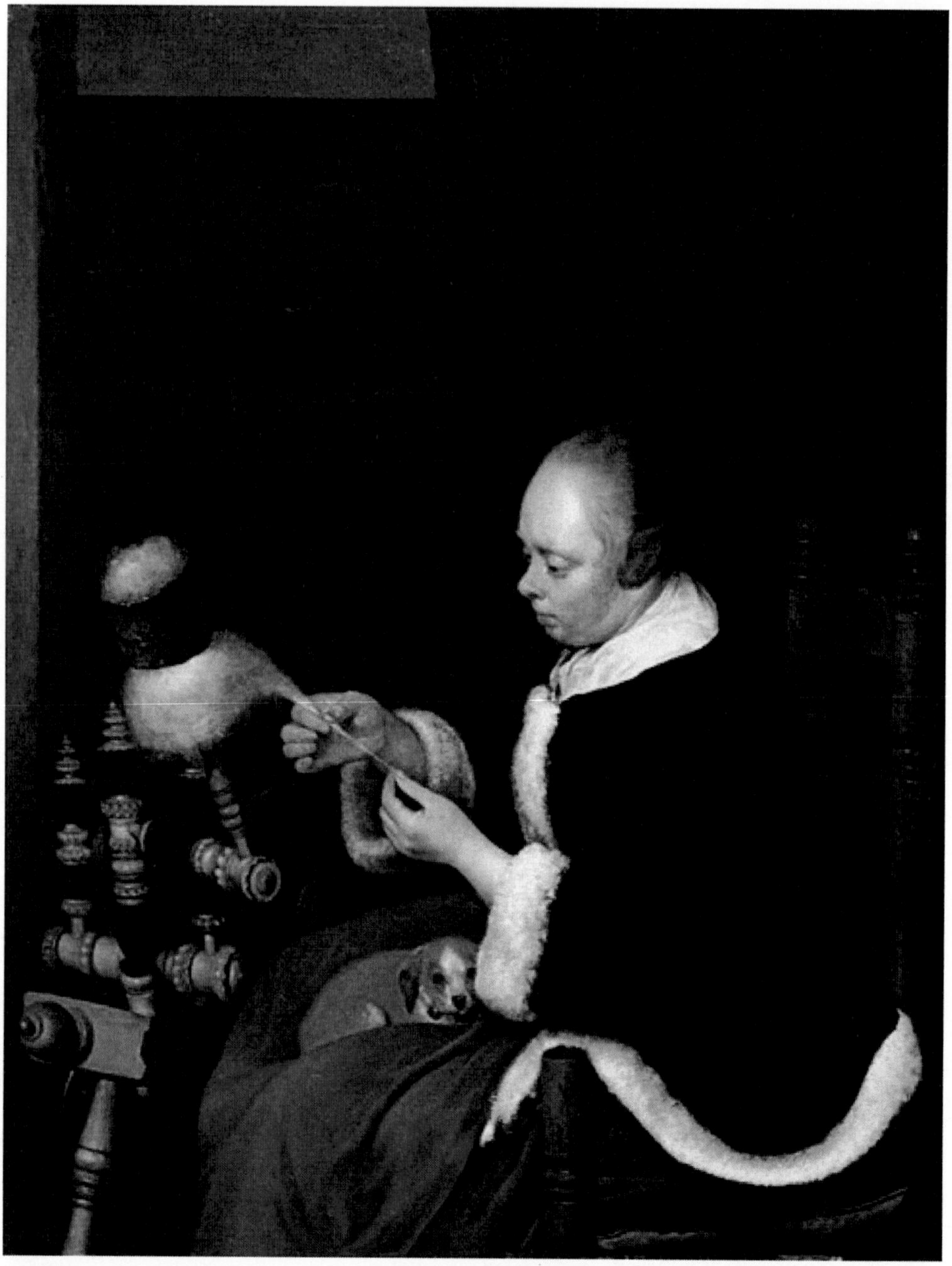

格拉尔·德·特鲍赫（Gerard ter Borch，1617-1681 年），“纺织女”（A Woman Spinning），1652-1653 年，博伊曼斯·范伯宁恩美术馆（Museum Boijmans-van Beuningen），鹿特丹，荷兰（Collection Willem van der Vorm Foundation）。

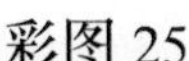

彩图 25

杰拉德·杜（Gerard Dou，1613-1675 年），"读书老妪肖像"（Portrait of an old woman reading），约 1630-1635 年，阿姆斯特丹国立博物馆。

彩图 26

拉斐尔（Raffaello Sanzio,1483-1520 年），“西斯廷圣母”（Sistine Madonna），1512／1514 年，德累斯顿历代大师画廊。

彩图 27

斯特凡·洛赫纳（Stefan Lochner，约 1400-1451 年），“玫瑰花篱中的圣母和婴孩耶稣”（约 1450 年），51×40 厘米，瓦尔拉夫·里夏茨博物馆（Wallraf-Richartz-Museum & Fondation Corboud），科隆。

彩图 28

老卢卡斯·克拉纳赫（Lukas Cranach，1472-1553 年），“玛丽亚和摘葡萄的耶稣”，约 1515-1520 年。

彩图 29

老汉斯·霍尔拜因（Hans Holbein，1465 -1524 年），“玛丽亚和熟睡的婴孩耶稣”，约 1520 年。

彩图30

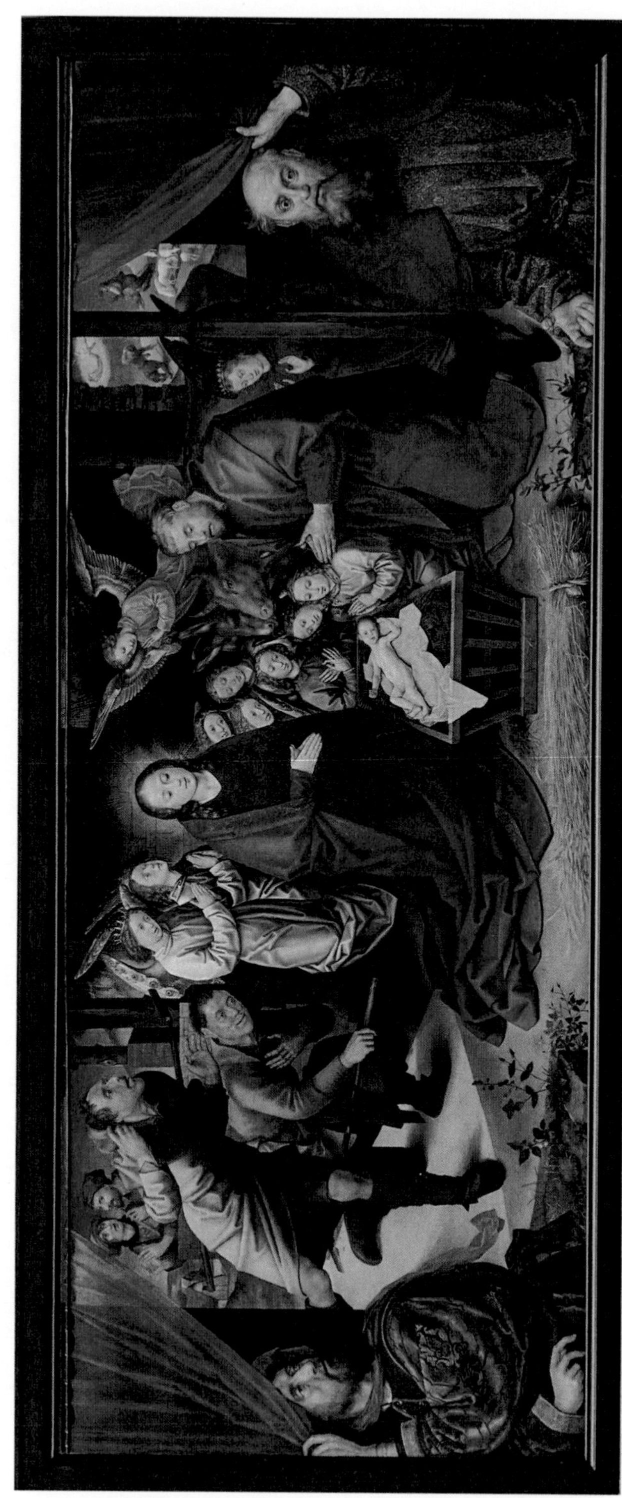

雨果·凡·德·古斯（Hugo van der Goes，约1430/40-1482年），“牧羊人朝拜新生儿耶稣”，99.9厘米高，248.6厘米宽，柏林国家博物馆油画廊。

彩图 31

约翰·科尔拜克（Johann Koerbecke，约 1415/20-1491 年），“天使报喜”，马林费尔德祭坛画（Marienfelder Altar），1457 年，芝加哥艺术学院。

彩图 32

斯特凡·洛赫纳（Stefan Lochner，约 1400-1451 年），“天使报喜”，1446/49，234 厘米×240 厘米，科隆大教堂“三王朝拜耶稣”祭坛画外翼。

彩图 33

维米尔（Jahannes Vermeer, 1632-1675 年），“在窗前读信的少女”，约 1659 年，83 厘米×64.5 厘米，德累斯顿国立美术馆，德累斯顿。

彩图 34

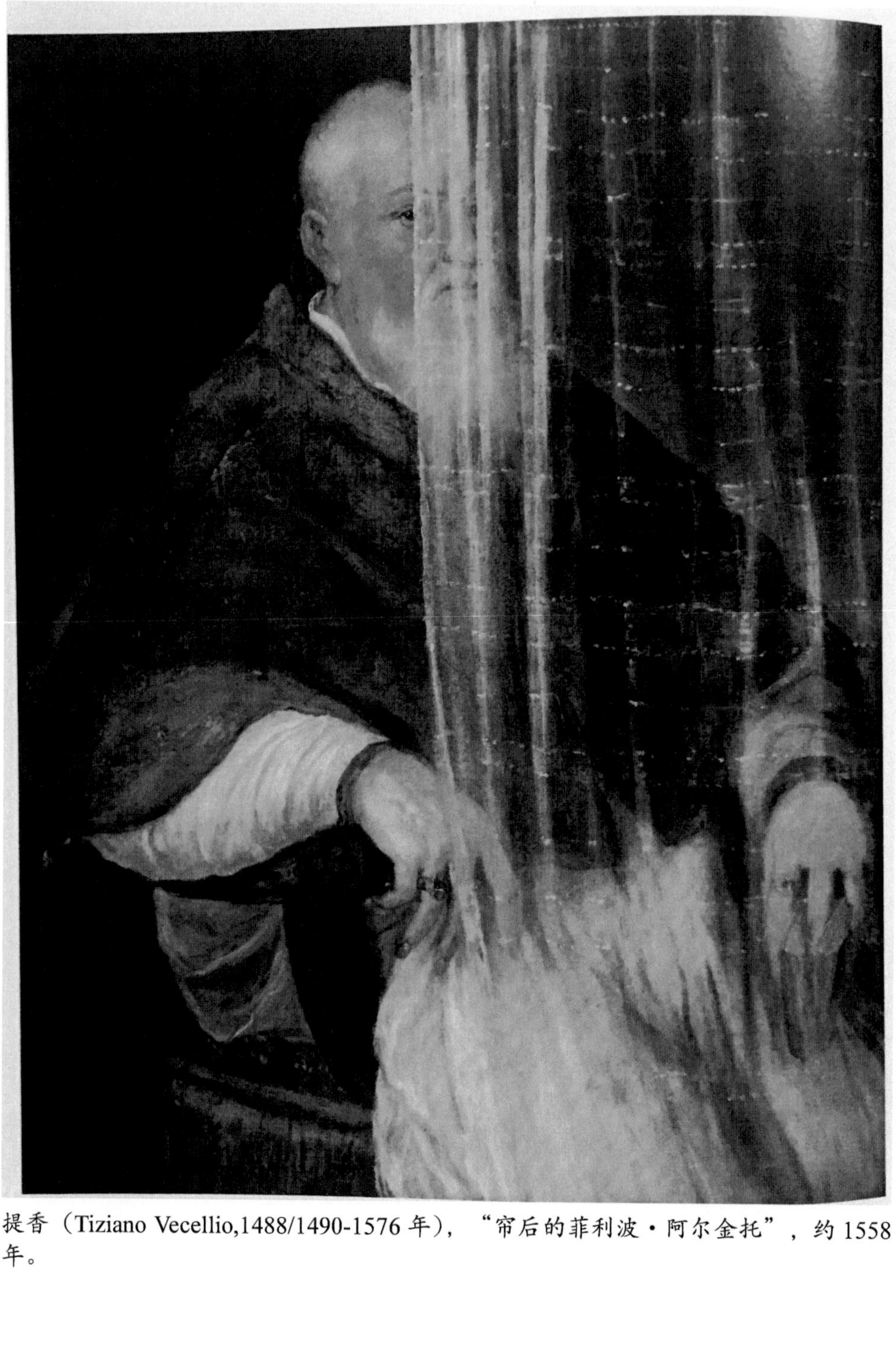

提香（Tiziano Vecellio,1488/1490-1576 年），“帘后的菲利波·阿尔金托”，约 1558 年。

彩图 35

安托内罗·达·梅西纳（Antonello da Messina，ca. 1430-1479 年），“救世主像”，约 1465-1475 年，38.7 厘米×29.8 厘米，伦敦国家画廊。

彩图 36

彼德鲁斯·克里斯蒂（Petrus Christus），“卡尔特教团修士的半身像”，1446 年，纽约大都会艺术博物馆，纽约。

彩图 37

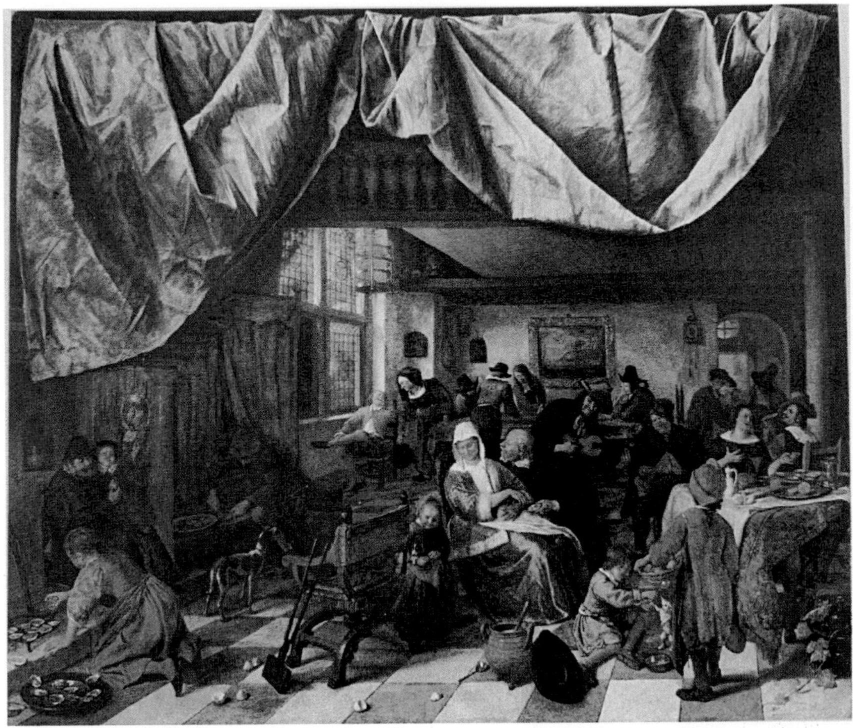

杨·斯汀（Jan Steen，1626-1679 年），“人类的生活”，约 1665 年，68.2 厘米×82 厘米，海牙莫里茨美术馆，荷兰海牙。

彩图 38

尼古拉斯·梅斯（Nicolas Maes，1634-1693 年），“窃听者”，1655 年。

彩图 39

安德里安・凡・盖伊斯贝克（Adriaen van Gaesbeeck，1621-1650 年），“逃往埃及路上的小憩”，1647 年。

彩图 40

伦勃朗工作室，“以马忤斯的晚餐”，1648 年，哥本哈根博物馆。

彩图 41

三王圣髑盒，德国科隆大教堂后殿主祭坛。

彩图 42

北京毛主席纪念堂北面入口，1976 年建成。

彩图 43

“纽伦堡游戏挂毯”，上莱茵河的阿尔萨斯地区，1385-1400 年，高 160 厘米，宽 394 厘米，纽伦堡日耳曼国家博物馆（Germanisches Nationalmuseum Nürnberg）。

彩图 44

“贝叶挂毯”，约 1080 年，绒呢，高 50 厘米，贝叶挂毯博物馆（Musée de la Tapisserie, Bayeux）。

彩图 45

“八月”，林堡兄弟，选自为贝里公爵所画时祷书，约 1410 年。

彩图 46

“特伦托布翁孔西格利奥城堡的鹰塔内十二月份湿壁画”（Castello del Buonconsiglio，Trento）的“一月”，湿壁画，约 1400 年。

彩图 47

“特伦托布翁孔西格利奥城堡的鹰塔内十二月份湿壁画”（Castello del Buonconsiglio, Trento）的“七月”，湿壁画，约 1400 年。

彩图 48

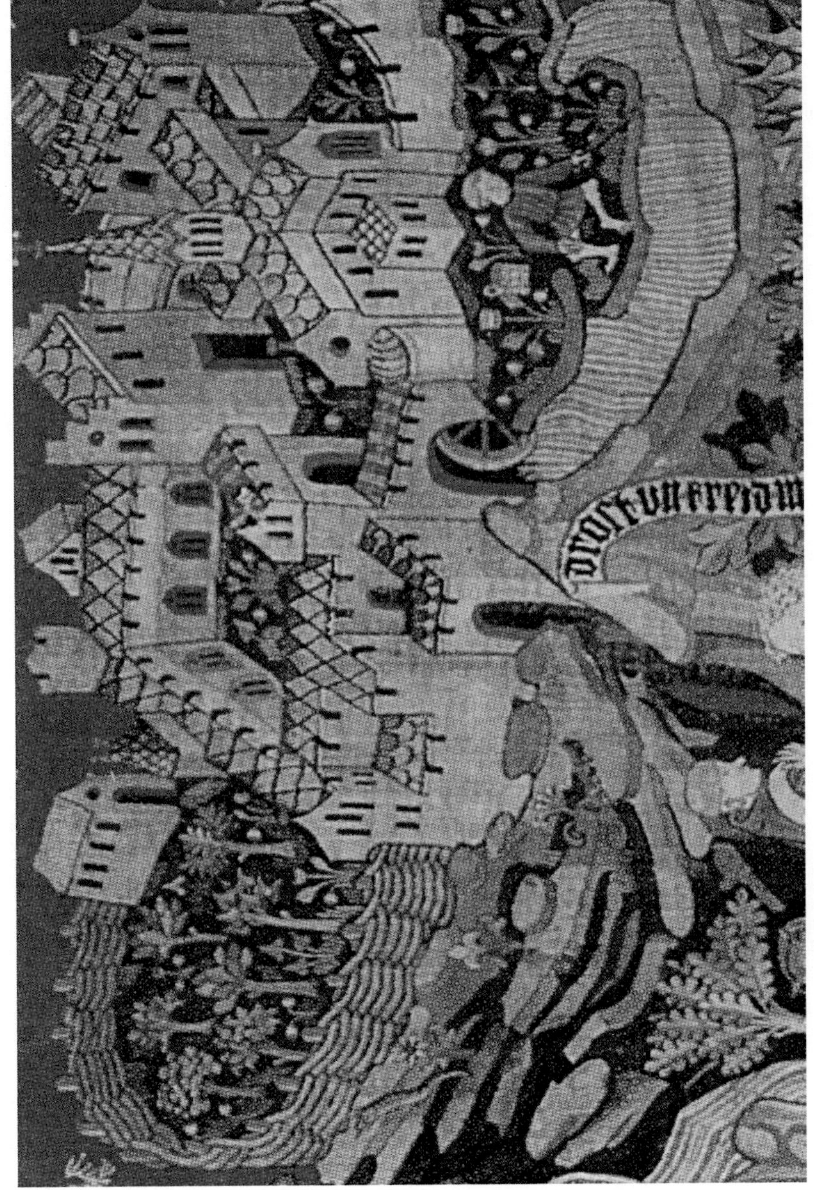

“纽伦堡游戏挂毯”（局部），上莱茵河的阿尔萨斯地区，1385-1400 年，高 160 厘米，宽 394 厘米，纽伦堡日耳曼国家博物馆（Germanisches Nationalmuseum Nürnberg）。

彩图 49

“纽伦堡游戏挂毯”（局部），上莱茵河的阿尔萨斯地区，1385-1400 年，高 160 厘米，宽 394 厘米，纽伦堡日耳曼国家博物馆（Germanisches Nationalmuseum Nürnberg）。

彩图 50

“纽伦堡游戏挂毯”（局部），上莱茵河的阿尔萨斯地区，1385-1400 年，高 160 厘米，宽 394 厘米，纽伦堡日耳曼国家博物馆（Germanisches Nationalmuseum Nürnberg）。

彩图 51

“纽伦堡游戏挂毯”（局部），上莱茵河的阿尔萨斯地区，1385-1400 年，高 160 厘米，宽 394 厘米，纽伦堡日耳曼国家博物馆（Germanisches Nationalmuseum Nürnberg）。

彩图 52

圣迪奥卡鲁斯祭坛的祭坛龛，1437 年前后，纽伦堡圣劳伦茨教堂。

彩图 53

圣迪奥卡鲁斯祭坛，祭坛龛两翼内部祭坛画，1437 年前后，纽伦堡圣劳伦茨教堂。

彩图 54

开启的圣迪奥卡鲁斯祭坛，1437 年前后，纽伦堡圣劳伦茨教堂。

彩图 55

圣迪奥卡鲁斯祭坛，1437 年前后，纽伦堡圣劳伦茨教堂，祭坛基座两翼内部祭坛画

彩图 56

卢森堡的西吉斯蒙德皇帝（Sigismund von Luxemburg, 1368-1437 年），波西米亚画家绘制，油彩和蛋彩颜料画于粘贴羊皮纸的木板上，58.5×42 厘米，维也纳艺术历史博物馆。

彩图 57

科隆大教堂里希特之窗

彩图 58

约瑟夫·博伊斯（Joseph Beuys，1921-1986 年）的十字架，1962/63 年。

彩图 59

德国慕尼黑市民会馆教堂（Bürgersaalkirche）内的十字苦路，第十三站：圣母怀抱耶稣尸体，19 世纪末。

彩图 60

德国策尔（Zell）的十架苦路，第一站：彼拉多审判耶稣。

彩图 61

汉斯·梅姆林（Hans Memling，1430-1495 年），祭坛画"基督受难"，92.2 厘米×56.7 厘米，意大利都灵萨包达美术馆（Galleria Sabauda），约 1475 年。

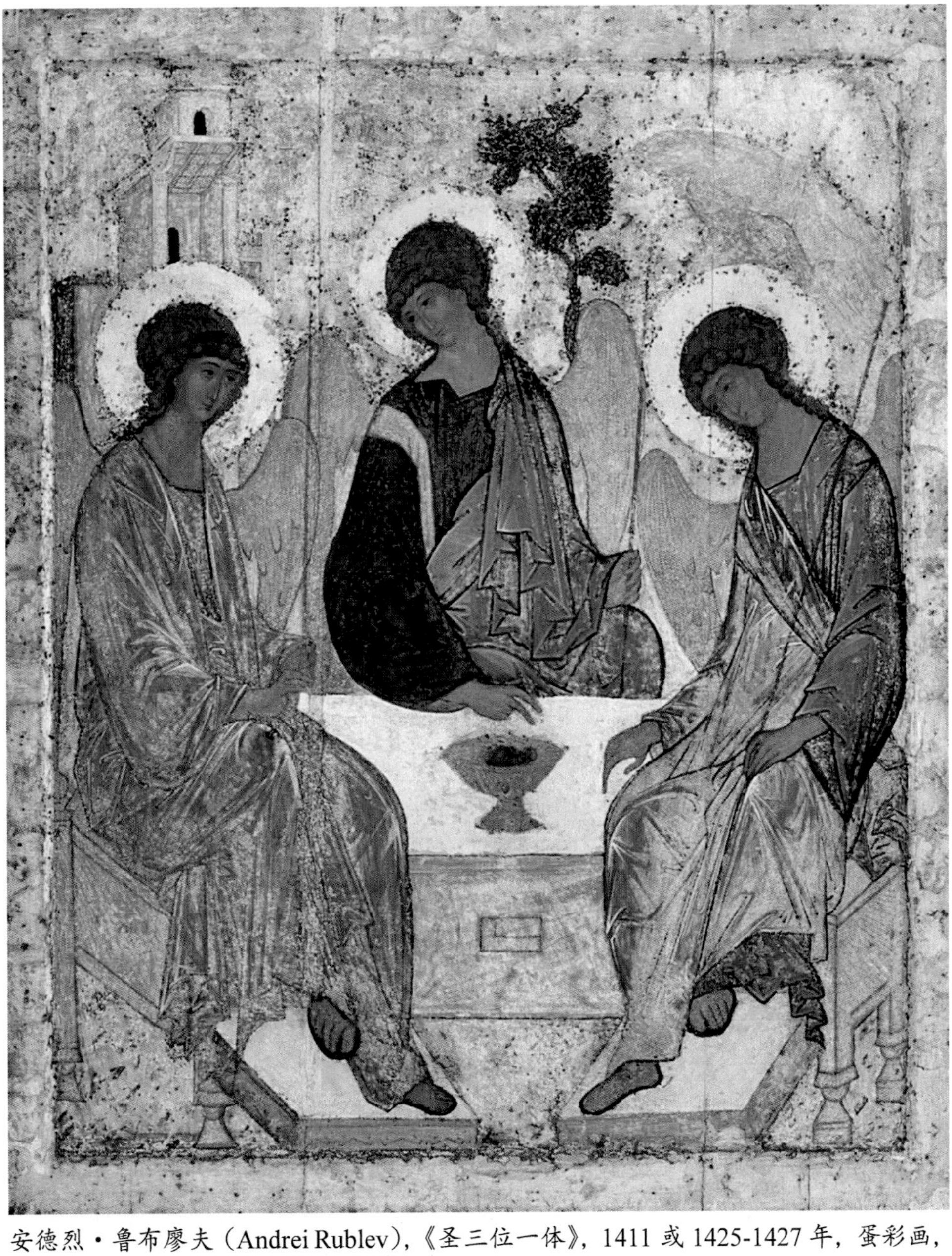

安德烈·鲁布廖夫（Andrei Rublev），《圣三位一体》，1411 或 1425-1427 年，蛋彩画，142 厘米×114 厘米，俄罗斯莫斯科特列季亚科夫画廊。

彩图63

“亚伯拉罕待客”和“亚伯拉罕献艾萨克”，马赛克，意大利拉韦纳圣维塔利教堂，公元6世纪。

彩图 64

《亚伯拉罕待客》，168×144 cm，莫斯科圣母升天大教堂，14 世纪中期。

彩图 65

《亚伯拉罕待客》，36×54.2 cm，安德烈·鲁布廖夫美术馆，14 世纪晚期。

彩图 66

罗丹，“上帝之手”（The Hand of God），1898 年，罗丹美术馆（Musée Rodin）。

彩图 67

伦勃朗，“杨·西克斯”（Portrait of Jan Six），1654 年，阿姆斯特丹西克斯收藏。

彩图 68

塞尚，“树丛－树林”（Undergrowth－the Forest），约 1900-1904 年。

彩图 69

仇英（约 1494-1552），“高仕棋图”，册页，纸本设色，上海博物馆。

彩图 70

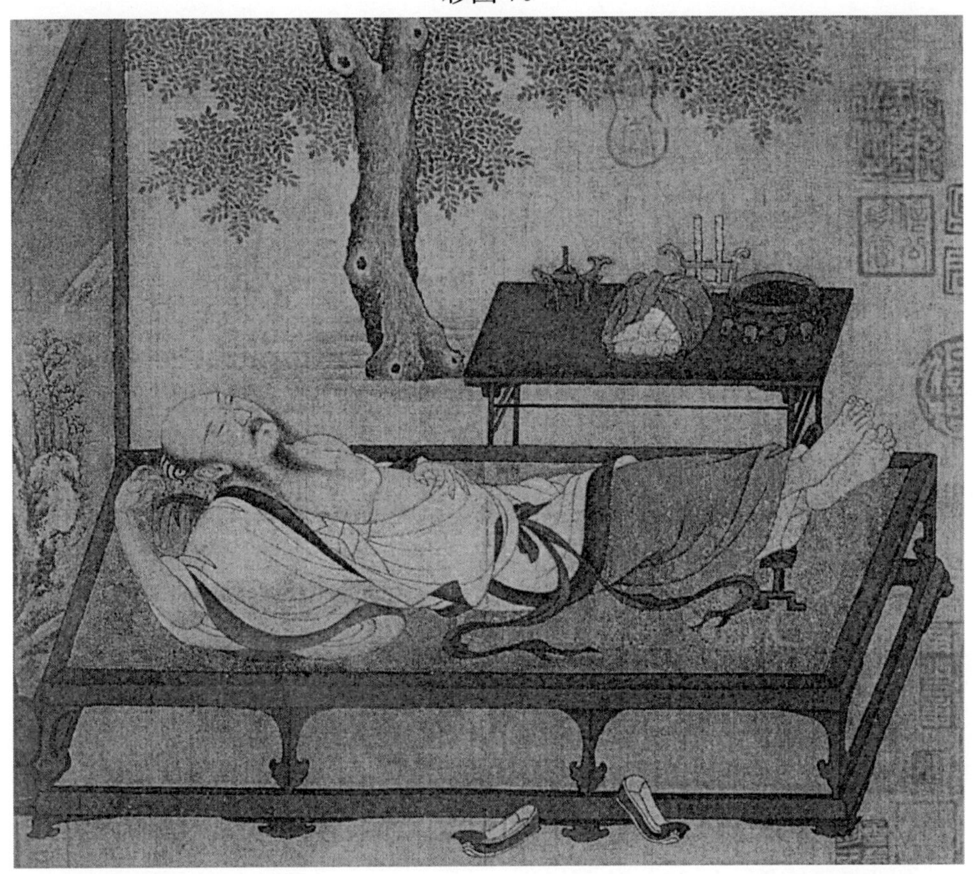

佚名仿刘贯道，“消夏图”，明代早期，册页，绢本设色，北京故宫博物院。

彩图 71

唐代，佚名，“宫乐图”（局部），绢本设色，高 48.7 厘米，宽 69.5 厘米，台北国立故宫博物院。

彩图 72

南蛮屏风（细节），16 世纪晚期，日本宫内厅（皇室收藏）三之丸尚藏馆，东京。

彩图 73

罗马人民保护者，5-13 世纪，罗马圣母大教堂。

彩图 74

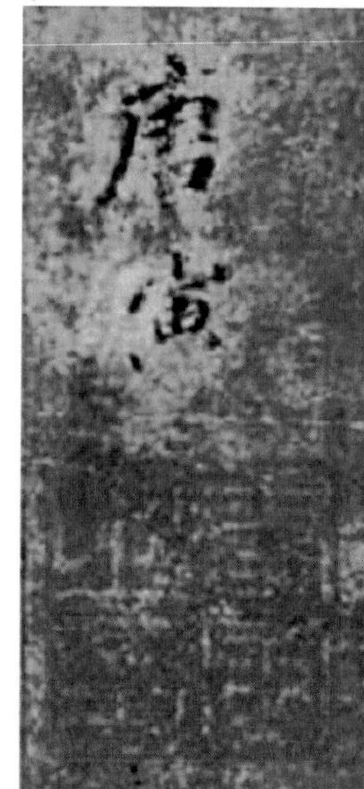

“中国圣母”，传唐寅，16 世纪，水墨淡彩，芝加哥菲尔德博物馆（The Field Museum of Chicago）。

彩图 75

“罗马人民保护者”，朱塞佩·瓦莱里亚诺（Giuseppe Valeriano, 1542-1596 年），约 1583 年，罗马宗座额我略大学

彩图 76

“圣母古像”，约 13-14 世纪，湿壁画，西班牙塞维利亚圣母主教座堂（The Cathedral of Seville）（1551-1575 年）。

彩图 77

雷奥纳多，“圣母哺乳图”，约 1490 年，俄罗斯埃尔米塔什博物馆。

彩图 78

“仁慈圣母像”（细部），拜占庭，12 世纪。

黑白插图

图 1

老鲁卡斯・克拉那赫（Lukas Cranach，1472-1553 年），“作为奥古斯丁修士的路德”，1520 年。

图 2

卢卡斯·福尔特纳格尔（Lukas Furtenagel，1505-1546 年后），“路德遗像”素描稿，约 1546 年。

图 3

“最后的审判”，布鲁日《时祷书》的《忏悔诗篇》插图，约 1445 年。

图 4

“大卫和歌利亚”，扎诺比·斯特罗兹（Zanobi Strozzi，1412-1468 年），《时祷书》的《忏悔诗篇》插图，约 1460 年。

图 5

“大卫和歌利亚”，勃艮第的玛丽亚和马克西米利安皇帝的柏林《时祷书》，《忏悔诗篇》的插图，根特或布鲁日，1477-1482 年。

图 6

“拔示巴对大卫掀开衣服”，让·富凯的继承者所作《时祷书》《忏悔诗篇》的插图，15 世纪 60 年代

图 7

“大卫与拔示巴”，贝佛特公爵约翰（Johnann, Herzog von Bedford，1389-1435 年）和勃艮第的安妮（Anne von Burgund, 1404/05-1432 年）《时祷书》《忏悔诗篇》的插图，约 1422 年。

图 8

安德里亚·曼特尼亚（Andrea Mantegna，1431-1506 年），“谦卑的玛利亚”（The Madonna of Humility），铜版画，约 1450-1455 年。

图 9

伦勃朗，“有小猫的圣家庭”（The Holy Family with a cat），铜版画，约 1654 年。

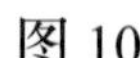

图 10

“君士坦提乌斯二世”（公元 317-361 年），354 年，罗马，梵蒂冈图书馆，Barb. lat. 2154, fol. 13r.

图 11

“至圣所”，阿什伯纳姆《摩西五经》(Ashburnham Pentateuch）标题页，法国巴黎国家图书馆, nouv.acq.lat.2234,fol. 2r.

图 12

“圣马太”，斯德哥尔摩奥里斯抄本（Stockholm Codex Aureus），斯德哥尔摩皇家图书馆，约 750 年。

图 13

“科普特哺乳玛利亚”（Maria lactans），浅浮雕，开罗科普特博物馆（Coptic Museum）。

图 14

埃奇米阿津福音书里的“玛利亚”（Madonna in the Etchmiadzin Gospelbook）

图 15

“耶稣诞生”，76F13, fol. 16v.，荷兰皇家图书馆，荷兰海牙；“耶稣诞生”，lat. 363, fol. 17r.，列日大学图书馆，比利时列日。

图 16

圣迪奥卡鲁斯祭坛，1437 年前后，纽伦堡圣劳伦茨教堂，祭坛基座后的木板画。

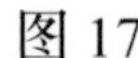

图 17

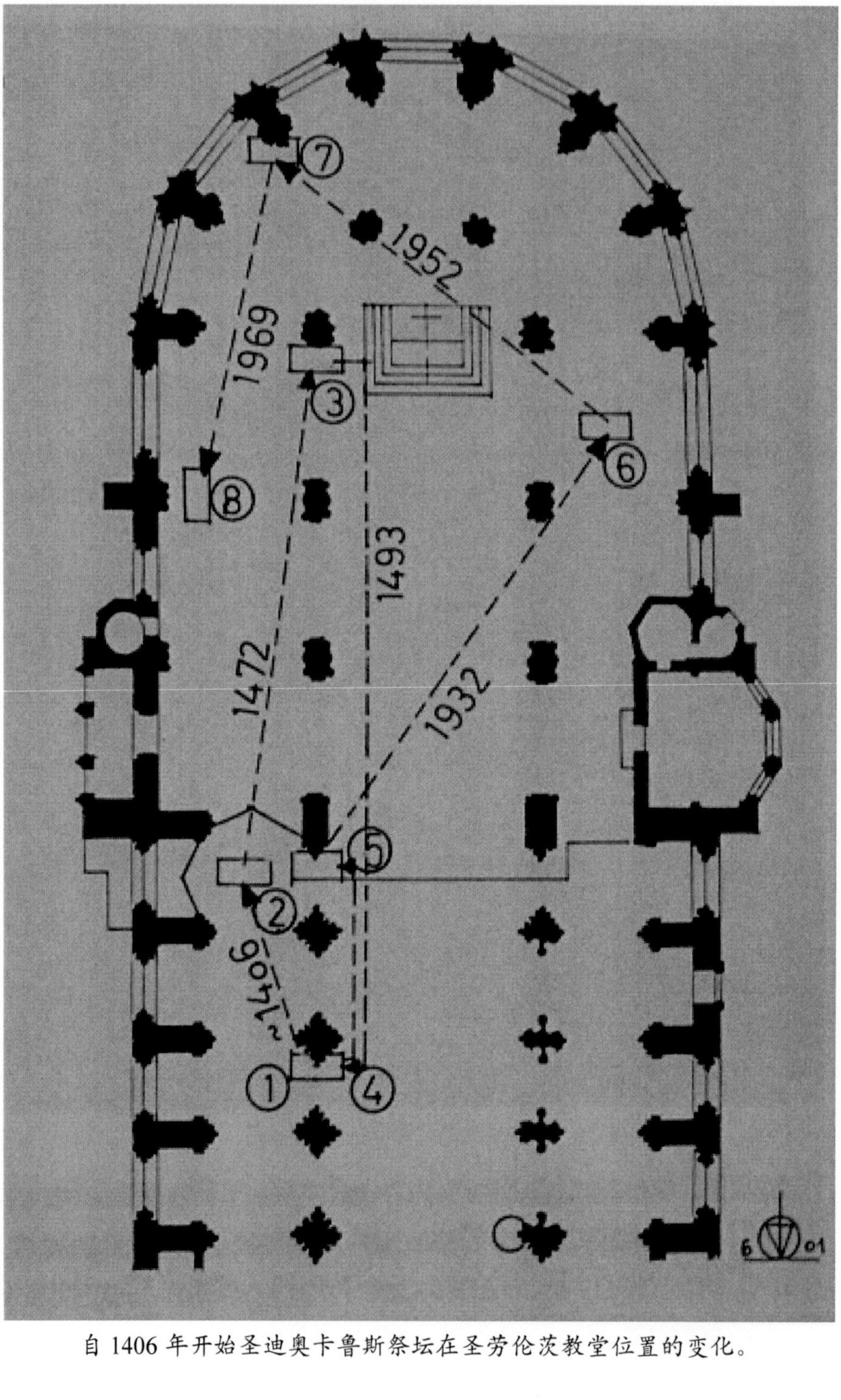

自 1406 年开始圣迪奥卡鲁斯祭坛在圣劳伦茨教堂位置的变化。

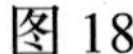

图 18

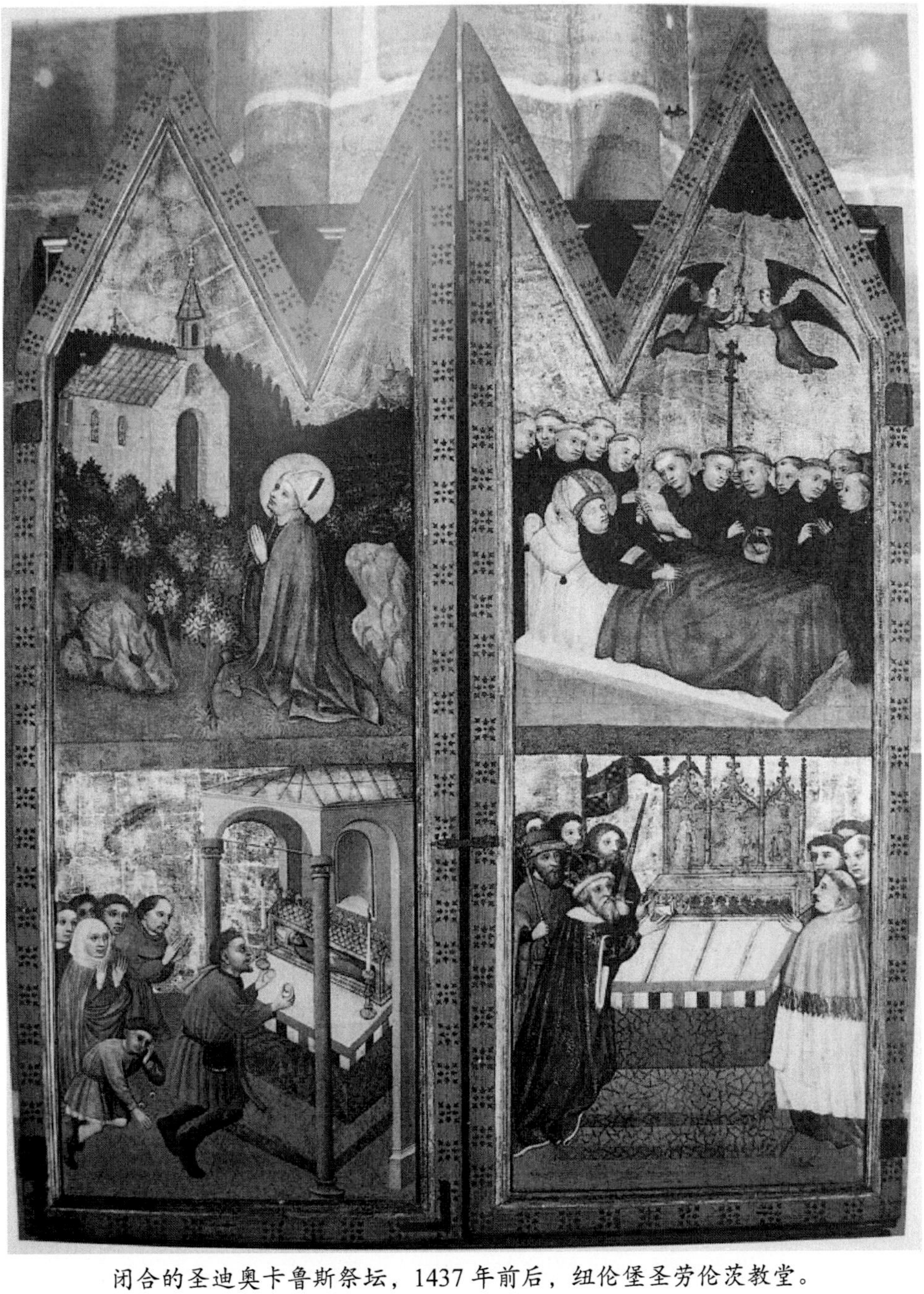

闭合的圣迪奥卡鲁斯祭坛，1437 年前后，纽伦堡圣劳伦茨教堂。

图 19

圣迪奥卡鲁斯祭坛，祭坛基座前后的木板画，1437 年前后，纽伦堡圣劳伦茨教堂。

图 20

圣迪奥卡鲁斯祭坛，祭坛基座两翼外部祭坛画，1437 年前后，纽伦堡圣劳伦茨教堂。

图 21

圣迪奥卡鲁斯祭坛，祭坛龛后部木板画，1437 年前后，纽伦堡圣劳伦茨教堂。

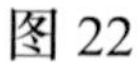

图 22

圣迪奥卡鲁斯祭坛闭合的状态，1437 年前后，纽伦堡圣劳伦茨教堂。

图 23

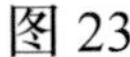

圣迪奥卡鲁斯祭坛背面，1437 年前后，纽伦堡圣劳伦茨教堂。

图 24

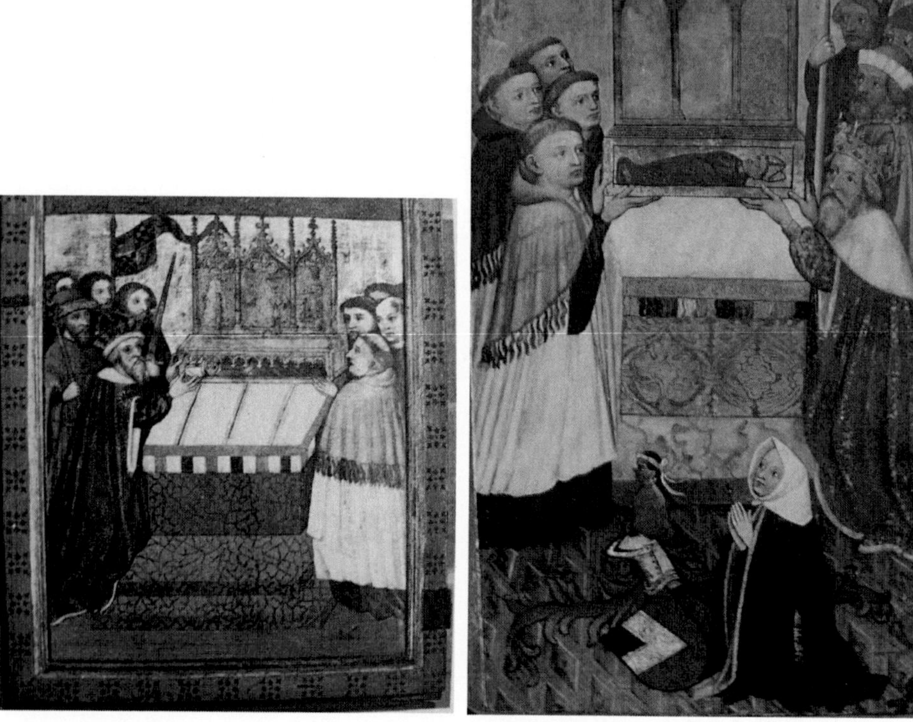

圣迪奥卡鲁斯祭坛，1437 年前后，纽伦堡圣劳伦茨教堂，“巴伐利亚的路德维希皇帝递交圣迪奥卡鲁斯圣骨”，祭坛龛外部祭坛画（左），祭坛基座内部祭坛画（右）。

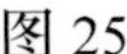

图 25

哈勒手抄本（Hallerbuch，1533-1536 年），在圣迪奥卡鲁斯祭坛前的赞助人福尔卡默（Volckamer）夫妇，纽伦堡国家档案馆（Staatarchiv，Nürnberg）。

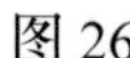

图 26

弗里德里希·盖斯勒（Friedrich Geissler）：圣劳伦茨教堂内部（从东往西，下图为细节放大），1837 年前，纽伦堡日耳曼国家博物馆（Das Germanisches Nationalmuseum in Nürnberg）。

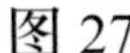

图 27

约翰·嘎布埃尔·包普尔（1807-1882 年），圣劳伦茨教堂内部（从西往东北）铜版画，1837 年，纽伦堡日耳曼国家博物馆（Das Germanisches Nationalmuseum in Nürnberg）。

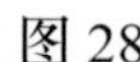

圣迪奥卡鲁斯祭坛，1437年前后，纽伦堡圣劳伦茨教堂1900年的状态，纽伦堡市历史博物馆(Stadtgeschichtliche Museum Nürnberg)保存照片。

图 29

祭坛龛外部两翼祭坛画“巴伐利亚的路德维希递交圣骨”细节。

祭坛基座内部两翼祭坛画“巴伐利亚的路德维希递交圣骨”细节。

祭坛基座的内部两翼祭坛画“眼疾男孩和父亲的献祭"细节。

祭坛基座背面

祭坛龛外部祭坛画"眼疾男孩和父亲的献祭"细节

哈勒手抄本（Hallerbuch，1533-1536 年），细节

图 30

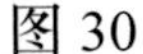

费舍尔（Georg F. Vischer）：“受难之路”，铜版画，祈祷书扉页，1797 年。

图 31

踏绘“试观此人”，荻原雄佑（Hagiwara Yusuke），1669 年后，东京国立博物馆。

图 32

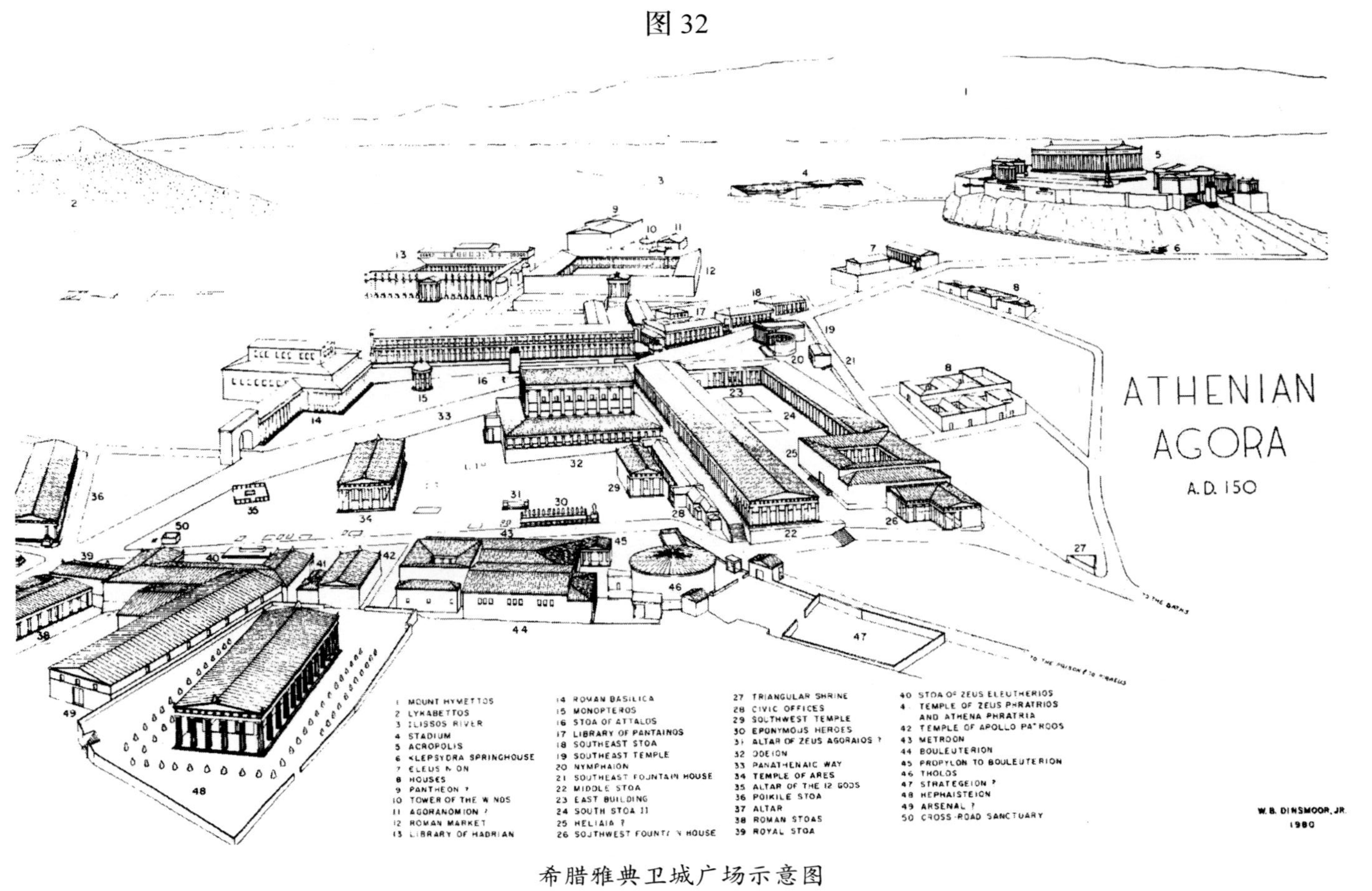

希腊雅典卫城广场示意图

图 33

圣母无染原罪堂，又名宣武门天主堂或南堂

图 34

北京天安门广场

图 35

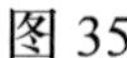

“天使报喜”，《诵念珠规程》，约 1620 年，Archivum Romanum Societatis Iesu（Jap.Sin. I. 43 b）.

图 36

“天使报喜”（ANNVNCIATIO）《福音故事图集》（Evangelicae historiae imagies），罗马，1593 年。

图 37

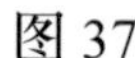

“圣母玛丽亚往顾圣妇依撒伯尔”，《诵念珠规程》，约 1620 年，Archivum Romanum Societatis Iesu （Jap.Sin. I. 43 b）。

图 38

“圣母玛丽亚往顾圣妇依撒伯尔”（IN DIE VISITATIONIS）《福音故事图集》（Evangelicae historiae imagies），罗马，1593 年。

图 39

“耶稣复活”，纳达尔，《福音故事图集》，安特卫普，1593 年。

图 40

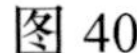

“耶稣复活”，《诵念珠规程》，南京，约 1620 年（罗马耶稣会档案馆 Archivum Romanum Societatis Iesu，Jap.Sin. I, 43b）。

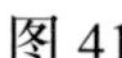

图 41

“圣母荣召升天”，《诵念珠规程》，南京，约 1620 年（罗马耶稣会档案馆 Archivum Romanum Societatis Iesu，Jap.Sin. I, 43b）。

图 42

“圣母之死”，纳达尔，《福音故事图集》，安特卫普，1593 年。

图 43

“圣母升天”，纳达尔，《福音故事图集》，安特卫普，1593 年。

图 44

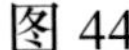

“圣母献耶稣于主堂”，《诵念珠规程》，南京，约 1620 年（罗马耶稣会档案馆 Archivum Romanum Societatis Iesu，Jap.Sin. I, 43b）。

图 45

“圣母献耶稣于主堂”，纳达尔，《福音故事图集》，安特卫普，1593 年。

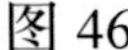

图 46

“耶稣十二龄讲道”，《诵念珠规程》，南京，约 1620 年（罗马耶稣会档案馆 Archivum Romanum Societatis Iesu，Jap.Sin. I, 43b）。

图 47

“耶稣十二龄讲道”，纳达尔，《福音故事图集》，安特卫普，1593 年。

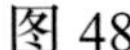

图 48

“耶稣降诞”，《诵念珠规程》，约 1620 年，Archivum Romanum Societatis Iesu（Jap.Sin. I. 43 b）。

图 49

IN NOCTE NATALIS DOMINI.
Natiuitas Christi. 3
Luc. ij. Anno i. v

GLORIA IN ALTISSIMIS DEO.

A. Bethlehem ciuitas Dauid.
B. Forum vbi ſoluitur tributum.
C. Spelunca, vbi natus eſt Christus.
D. IESVS recens natus, ante Præſepe humi in fœno iacens; quem pannis Virgo Mater inuoluit.
E. Angeli adorant Puerum natum.
F. Ad Præſepe bos & aſinus nouo lumine commoti.
G. Lux è Chriſto nato fugat tenebras noctis.
H. Turris Heder, ideſt gregis.
I. Pastores ad turrim cum gregibus.
K. Angelus apparet Pastoribus, & cum eo Militia cœleſtis exercitus.
L. Angelus, qui pie creditur miſsus in Limbum ad Patres nuncius.
M. Stella & Angelus ad Magos miſsi, eos primum ad iter impellunt.

“耶稣降诞”（IN NOCTE NATALIS DOMINI. Natiuitas Christi.），《福音故事图集》（Evangelicae historiae imagies），罗马，1593 年。

图 50

“耶稣山园祈祷”，《诵念珠规程》，南京，约 1620 年（罗马耶稣会档案馆 Archivum Romanum Societatis Iesu，Jap.Sin. I, 43b）。

图 51

“耶稣山园祈祷”，纳达尔，《福音故事图集》，安特卫普，1593 年。

图 52

“耶稣被钉十字架上死”，《诵念珠规程》，南京，约 1620 年（罗马耶稣会档案馆 Archivum Romanum Societatis Iesu，Jap.Sin. I, 43b）。

图 53

“耶稣升天”，《诵念珠规程》，南京，约 1620 年（罗马耶稣会档案馆 Archivum Romanum Societatis Iesu，Jap.Sin. I, 43b）。

图 54

“耶稣被钉十字架上死”，纳达尔，《福音故事图集》，安特卫普，1593 年。

图 55

“耶稣被钉十字架上死”，纳达尔，《福音故事图集》，安特卫普，1593 年。

图 56

“耶稣升天”，纳达尔，《福音故事图集》，安特卫普，1593 年。

图 57

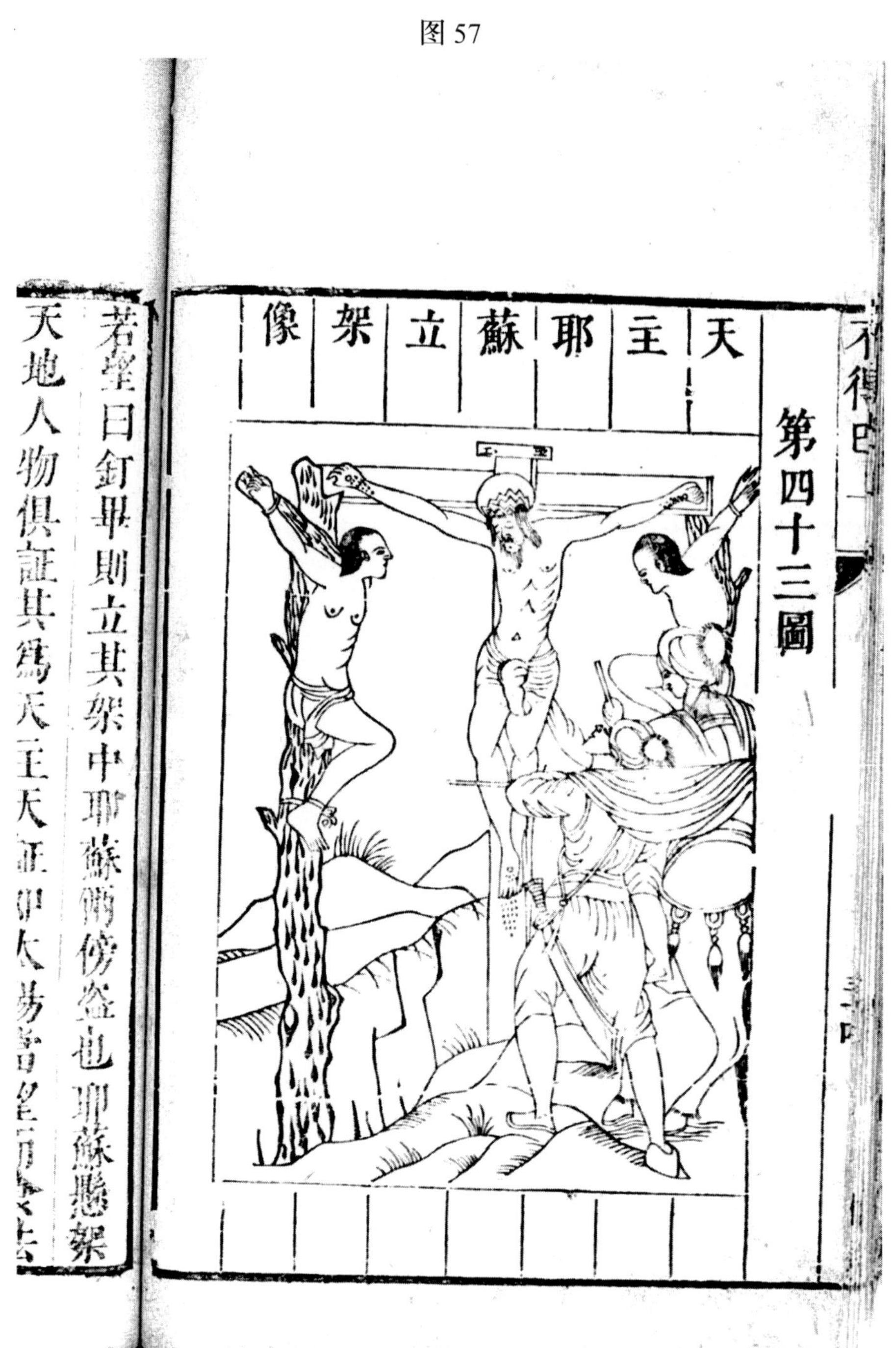

“天主耶苏立架像”，杨光先:《不得已》，第 43 图，罗马耶稣会档案馆（Jap.Sin. I.89）。

图 58

“圣若翰先天主而孕”《天主降生出像经解》，福建晋江，1637 年，德国慕尼黑巴伐利亚州立图书馆（Sin. 23）。

图 59

“法利赛人和税吏的比喻”，纳达尔，《福音故事图集》，安特卫普，1593 年。

图 60

“尼山致祷”，《孔子圣迹图》，清同治十三年（1874 年）孔宪兰刻本，宽 29.5 厘米，长 41 厘米。

图 61

“耶稣升天”《天主降生出像经解》，福建晋江，1637 年，德国慕尼黑巴伐利亚州立图书馆（Sin. 23）。

图 62

“耶稣升天”，纳达尔，《福音故事图集》，安特卫普，1593 年。

图 63

“濯足垂训”《天主降生出像经解》，福建晋江，1637 年，德国慕尼黑巴伐利亚州立图书馆（Sin. 23）。

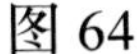

图 64

“立圣体大礼”《天主降生出像经解》，福建晋江，1637 年，德国慕尼黑巴伐利亚州立图书馆（Sin. 23）。

图 65

“最后的晚餐”，纳达尔，《福音故事图集》，安特卫普，1593 年。

图 66

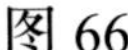

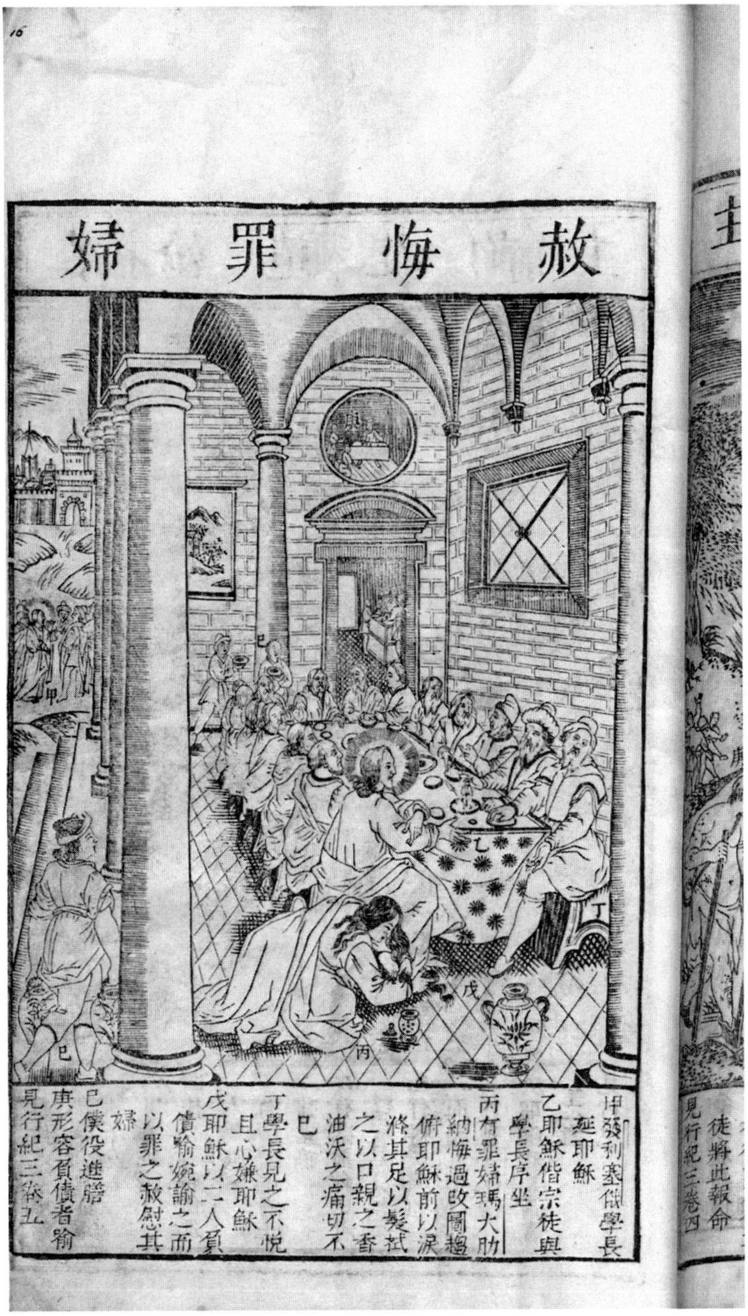

“赦悔罪妇”《天主降生出像经解》，福建晋江，1637 年，德国慕尼黑巴伐利亚州立图书馆（Sin. 23）。

图 67

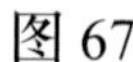

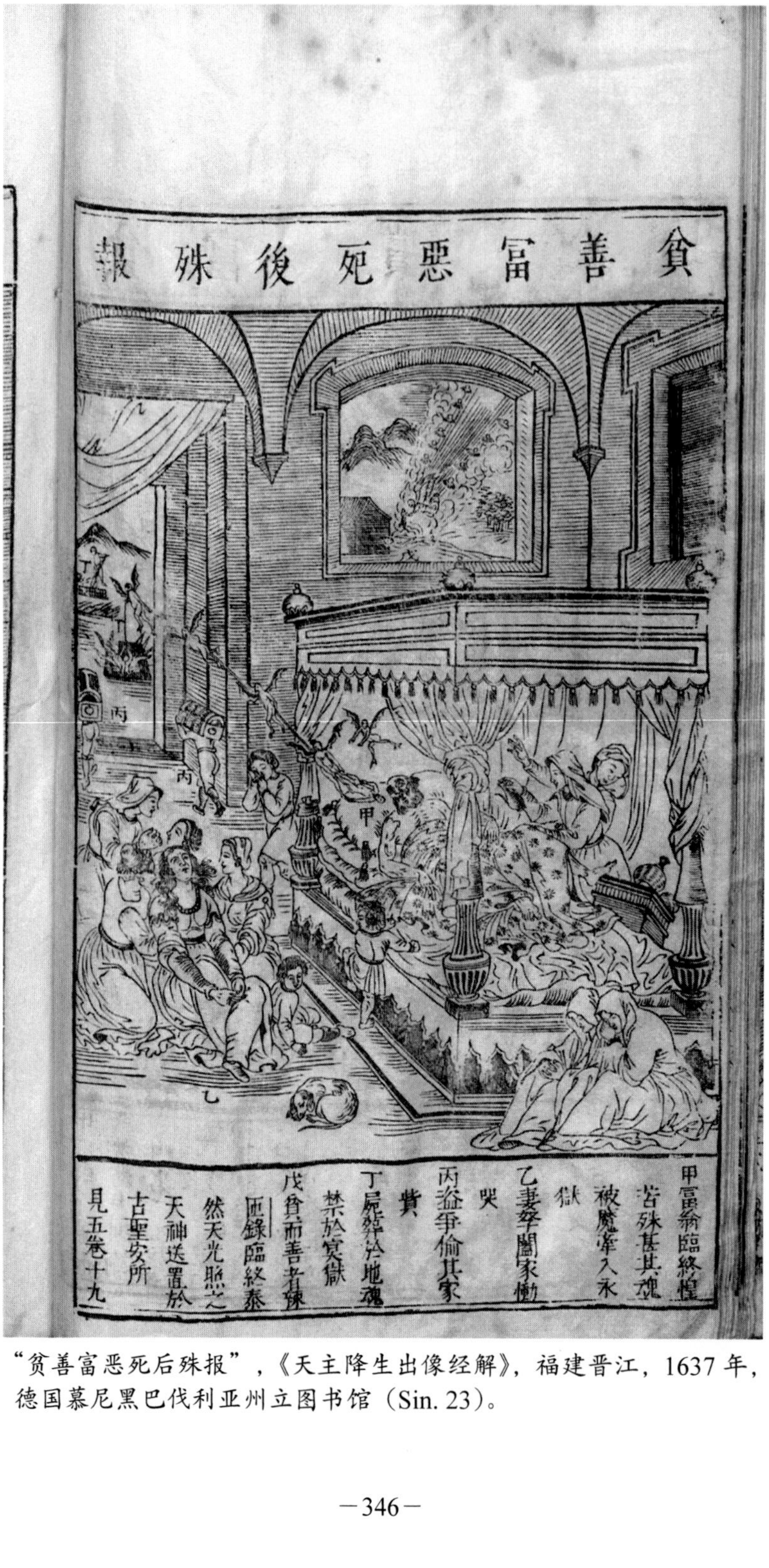

“贫善富恶死后殊报”，《天主降生出像经解》，福建晋江，1637 年，德国慕尼黑巴伐利亚州立图书馆（Sin. 23）。

图 68

“婚筵示异”，《天主降生出像经解》，福建晋江，1637 年，德国慕尼黑巴伐利亚州立图书馆（Sin. 23）。

图 69

“西加汲水化众”，《天主降生出像经解》，福建晋江，1637 年，德国慕尼黑巴伐利亚州立图书馆（Sin. 23）。

图 70

Fr. Pasquale d'Elia – missionary in China.
Foto from *Le Missioni Cattoliche* (Milano) 1928, p. 199

德礼贤神父，照片摘自“*Le Missioni Cattoli Cattoliche*（Milano）1928, p. 199.

图 71

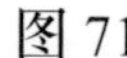

“罗马人民保护者”，铜版画，威尔克斯（Hieronymus Wierix, 1553-1619），早于 1600 年。

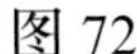

图 72

“天主图”，程大约，《程氏墨苑》，安徽新安，约 1605 年。

图 73

“徐光启与利玛窦像”，载于基歇尔（Athanaius Kircher, 1602-1680）《中国图说》，1667 年。

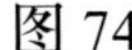

图 74

“天主降生圣像”，刊印于艾儒略：《天主降生出像经解》，1637 年，福建晋江。

图 75

“天地总归一主像”，刊印于汤若望：《进呈书像》，1640 年，北京。

图 76

纳达尔（Jerónimo Nadal, 1507-1580 年）《福音故事图像》，首页，1593 年，罗马。

图 77

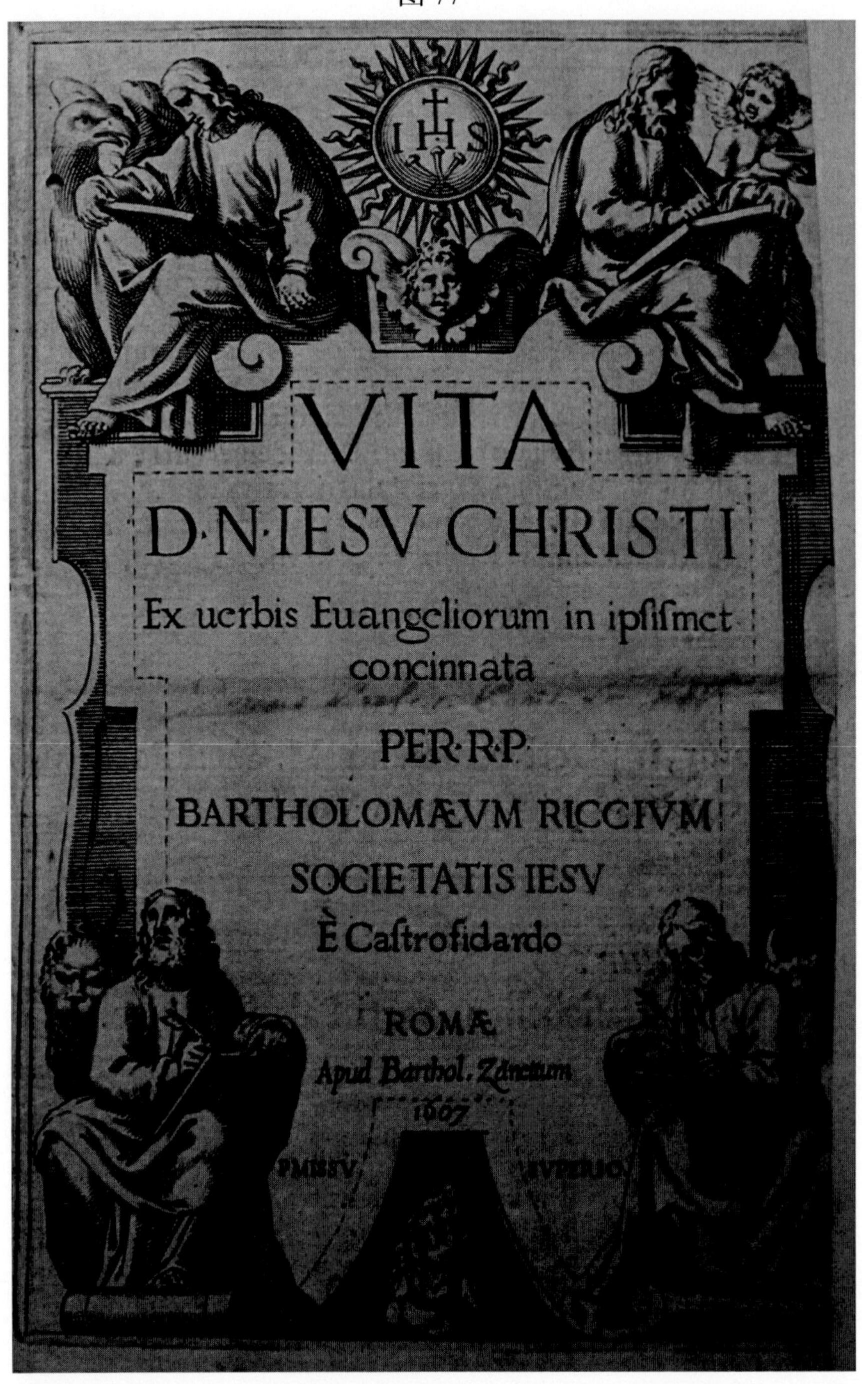

IHS

VITA
D·N·IESV CHRISTI
Ex uerbis Euangeliorum in ipſiſmet
concinnata
PER·R·P·
BARTHOLOMÆVM RICCIVM
SOCIETATIS IESV
È Caſtrofidardo
ROMÆ
Apud Barthol. Zanettum
1607

巴托罗密欧·里奇（Bartolomeo Ricci, 1542-1613 年）《耶稣生平》，首页，1607 年，罗马。

图 78

“圣母加冕”，刊印于纳达尔《福音故事图像》，1593 年，罗马。

“荣福五：满被诸德”，刊印于罗如望《诵念珠规程》，约 1620 年，南京。

“圣母端冕居诸神圣之上”，刊印于艾儒略《天主降生出像经解》，1637 年，福建晋江。

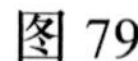

图 79

“救世主像”，马尔滕·德·沃斯（Maarten de Vos），17 世纪初，比利时布鲁塞尔皇家图书馆。

图 80

根据基督像绘制的肖像，杨·凡·艾克，1438 年，柏林国家博物馆，油画画廊。

《基督教文化研究丛书》

主编：何光沪、高师宁

（1-8 编书目）

初　编

（2015 年 3 月出版）

ISBN：978-986-404-209-8　定价（台币）$28,000 元

册　次	作　者	书　名	学科别（／表示跨学科）
第 1 册	刘　平	灵殇：基督教与中国现代性危机	社会学／神学
第 2 册	刘　平	道在瓦器：裸露的公共广场上的呼告——书评自选集	综合
第 3 册	吕绍勋	查尔斯·泰勒与世俗化理论	历史／宗教学
第 4 册	陈　果	黑格尔“辩证法”的真正起点和秘密——青年时期黑格尔哲学思想的发展（1785 年至 1800 年）	哲学
第 5 册	冷　欣	启示与历史——潘能伯格系统神学的哲理根基	哲学／神学
第 6 册	徐　凯	信仰下的生活与认知——伊洛地区农村基督教信徒的文化社会心理研究（上）	社会学
第 7 册	徐　凯	信仰下的生活与认知——伊洛地区农村基督教信徒的文化社会心理研究（下）	
第 8 册	孙晨荟	谷中百合——傈僳族与大花苗基督教音乐文化研究（上）	基督教音乐
第 9 册	孙晨荟	谷中百合——傈僳族与大花苗基督教音乐文化研究（下）	

第 10 册	王 媛	附魔、驱魔与皈信——乡村天主教与民间信仰关系研究	社会学
	蔡圣晗	神谕的再造，一个城市天主教群体中的个体信仰和实践	社会学
	孙晓舒 王修晓	基督徒的内群分化：分类主客体的互动	社会学
第 11 册	秦和平	20 世纪 50－90 年代川滇黔民族地区基督教调适与发展研究（上）	历史
第 12 册	秦和平	20 世纪 50－90 年代川滇黔民族地区基督教调适与发展研究（下）	
第 13 册	侯朝阳	论陀思妥耶夫斯基小说的罪与救赎思想	基督教文学
第 14 册	余 亮	《传道书》的时间观研究	圣经研究
第 15 册	汪正飞	圣约传统与美国宪政的宗教起源	历史／法学

二 编

（2016 年 3 月出版）

ISBN：978-986-404-521-1

定价（台币）$20,000 元

册 次	作 者	书 名	学科别 （／表示跨学科）
第 1 册	方 耀	灵魂与自然——汤玛斯·阿奎那自然法思想新探	神学／法学
第 2 册	劉光順	趋向至善——汤玛斯·阿奎那的伦理思想初探	神学／伦理学
第 3 册	潘明德	索洛维约夫宗教哲学思想研究	宗教哲学
第 4 册	孫 毅	转向：走在成圣的路上——加尔文《基督教要义》解读	神学
第 5 册	柏斯丁	追随论证：有神信念的知识辩护	宗教哲学
第 6 册	李向平	宗教交往与公共秩序——中国当代耶佛交往关系的社会学研究	社会学
第 7 册	張文舉	基督教文化论略	综合
第 8 册	趙文娟	侯活士品格伦理与赵紫宸人格伦理的批判性比较	神学伦理学
第 9 册	孫晨薈	雪域圣咏——滇藏川交界地区天主教仪式与音乐研究（增订版）（上）	基督教音乐
第 10 册	孫晨薈	雪域圣咏——滇藏川交界地区天主教仪式与音乐研究（增订版）（下）	
第 11 册	張 欣	天地之间一出戏——20 世纪英国天主教小说	基督教文学

三　编

（2017 年 9 月出版）

ISBN：978-986-485-132-4

定价（台币）$11,000 元

册　次	作　者	书　名	学科别（／表示跨学科）
第 1 册	赵　琦	回归本真的交往方式——托马斯·阿奎那论友谊	神学／哲学
第 2 册	周兰兰	论维护人性尊严——教宗若望保禄二世的神学人类学研究	神学人类学
第 3 册	熊径知	黑格尔神学思想研究	神学／哲学
第 4 册	邢　梅	《圣经》官话和合本句法研究	圣经研究
第 5 册	肖　超	早期基督教史学探析（西元 1~4 世纪初期）	史学史
第 6 册	段知壮	宗教自由的界定性研究	宗教学／法学

四　编

（2018 年 9 月出版）

ISBN：978-986-485-490-5

定价（台币）$18,000 元

册　次	作　者	书　名	学科别（／表示跨学科）
第 1 册	陈卫真 高　山	基督、圣灵、人——加尔文神学中的思辨与修辞	神学
第 2 册	林庆华	当代西方天主教相称主义伦理学研究	神学／伦理学
第 3 册	田燕妮	同为异国传教人：近代在华新教传教士与天主教传教士关系研究（1807 ~ 1941）	历史
第 4 册	张德明	基督教与华北社会研究（1927 ~ 1937）（上）	社会学
第 5 册	张德明	基督教与华北社会研究（1927 ~ 1937）（下）	
第 6 册	孙晨荟	天音北韵——华北地区天主教音乐研究（上）	基督教音乐
第 7 册	孙晨荟	天音北韵——华北地区天主教音乐研究（下）	
第 8 册	董丽慧	西洋图像的中式转译：十六十七世纪中国基督教图像研究	基督教艺术
第 9 册	张　欣	耶稣作为明镜——20 世纪欧美耶稣小说	基督教文学

五　编

（2019 年 9 月出版）

ISBN：978-986-485-809-5

定价（台币）$20,000 元

册　次	作　者	书　名	学科别（／表示跨学科）
第 1 册	王玉鹏	纽曼的启示理解（上）	神学
第 2 册	王玉鹏	纽曼的启示理解（下）	
第 3 册	原海成	历史、理性与信仰——克尔凯郭尔的绝对悖论思想研究	哲学
第 4 册	郭世聪	儒耶价值教育比较研究——以香港为语境	宗教比较
第 5 册	刘念业	近代在华新教传教士早期的圣经汉译活动研究（1807～1862）	历史
第 6 册	鲁静如 王宜强 编著	溺女、育婴与晚清教案研究资料汇编（上）	资料汇编
第 7 册	鲁静如 王宜强 编著	溺女、育婴与晚清教案研究资料汇编（下）	
第 8 册	翟风俭	中国基督宗教音乐史（1949 年前）（上）	基督教音乐
第 9 册	翟风俭	中国基督宗教音乐史（1949 年前）（下）	

六　编

（2020 年 3 月出版）

ISBN：978-986-518-085-0

定价（台币）$20,000 元

册　次	作　者	书　名	学科别（／表示跨学科）
第 1 册	陈倩	《大乘起信论》与佛耶对话	哲学
第 2 册	陈丰盛	近代温州基督教史（上）	历史
第 3 册	陈丰盛	近代温州基督教史（下）	
第 4 册	赵罗英	创造共同的善：中国城市宗教团体的社会资本研究——以 B 市 J 教会为例	人类学
第 5 册	梁振华	灵验与拯救：乡村基督徒的信仰与生活（上）	人类学
第 6 册	梁振华	灵验与拯救：乡村基督徒的信仰与生活（下）	
第 7 册	唐代虎	四川基督教社会服务研究（1877～1949）	人类学
第 8 册	薛媛元	上帝与缪斯的共舞——中国新诗中的基督性（1917～1949）	基督教文学

七 编

（2021 年 3 月出版）

ISBN：978-986-518-381-3

定价（台币）$22,000 元

册 次	作 者	书 名	学科别（／表示跨学科）
第 1 册	刘锦玲	爱德华兹的基督教德性观研究	基督教伦理学
第 2 册	黄冠乔	保尔. 克洛岱尔天主教戏剧中的佛教影响研究	宗教比较
第 3 册	宾静	清代禁教时期华籍天主教徒的传教活动（1721～1846）（上）	基督教历史
第 4 册	宾静	清代禁教时期华籍天主教徒的传教活动（1721～1846）（下）	
第 5 册	赵建玲	基督教"山东复兴"运动研究（1927～1937）（上）	基督教历史
第 6 册	赵建玲	基督教"山东复兴"运动研究（1927～1937）（下）	
第 7 册	周浪	由俗入圣：教会权力实践视角下乡村基督徒的宗教虔诚及成长	基督教社会学
第 8 册	查常平	人文学的文化逻辑——形上、艺术、宗教、美学之比较（修订本）（上）	基督教艺术
第 9 册	查常平	人文学的文化逻辑——形上、艺术、宗教、美学之比较（修订本）（下）	

八 编

（2022 年 3 月出版）

ISBN：978-986-404-209-8

定价（台币）$45,000 元

册 次	作 者	书 名	学科别（／表示跨学科）
第 1 册	查常平	历史与逻辑：逻辑历史学引论（修订本）（上）	历史学
第 2 册	查常平	历史与逻辑：逻辑历史学引论（修订本）（下）	
第 3 册	王澤偉	17～18 世紀初在華耶穌會士的漢字收編：以馬若瑟《六書實義》為例（上）	语言学
第 4 册	王澤偉	17～18 世紀初在華耶穌會士的漢字收編：以馬若瑟《六書實義》為例（下）	
第 5 册	刘海玲	沙勿略：天主教东传与东西方文化交流	历史

第 6 册	郑媛元	冠西东来——咸同之际丁韪良在华活动研究	历史
第 7 册	刘影	基督教慈善与资源动员——以一个城市教会为中心的考察	社会学
第 8 册	陈静	改变与认同: 瑞华浸信会与山东地方社会	社会学
第 9 册	孙晨荟	众灵的雅歌——基督宗教音乐研究文集	基督教音乐
第 10 册	曲艺	默默存想，与神同游——基督教艺术研究论文集（上）	基督教艺术
第 11 册	曲艺	默默存想，与神同游——基督教艺术研究论文集（下）	
第 12 册	利瑪竇著、梅謙立漢注 孫旭義、奥覓德、格萊博基譯	《天主實義》漢意英三語對觀（上）	经典译注
第 13 册	利瑪竇著、梅謙立漢注 孫旭義、奥覓德、格萊博基譯	《天主實義》漢意英三語對觀（中）	
第 14 册	利瑪竇著、梅謙立漢注 孫旭義、奥覓德、格萊博基譯	《天主實義》漢意英三語對觀（下）	
第 15 册	刘平	明清民初基督教高等教育空间叙事研究——中国教会大学遗存考（第一卷）(上)	资料汇编
第 16 册	刘平	明清民初基督教高等教育空间叙事研究——中国教会大学遗存考（第一卷）(下)